精英团队

训练实操手册

林国峰◎著

助力企业打造高绩效团队

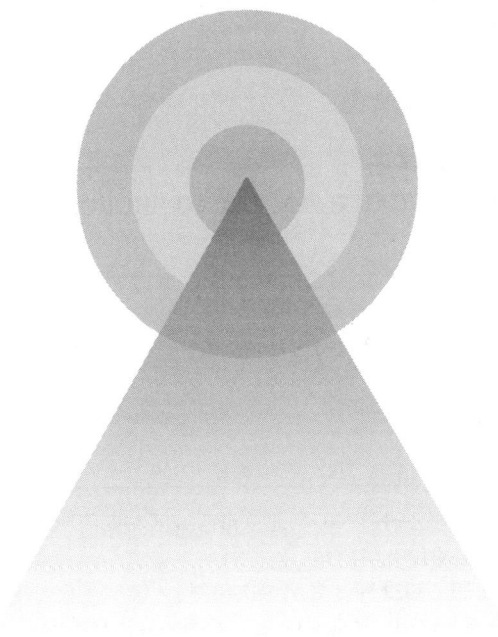

中国铁道出版社有限公司

CHINA RAILWAY PUBLISHING HOUSE CO., LTD.

图书在版编目（CIP）数据

精英团队训练实操手册/林国峰著. —北京：中国铁道
出版社有限公司，2022. 3
ISBN 978-7-113-28545-6

Ⅰ.①精… Ⅱ.①林… Ⅲ.①企业组织－组织管理
学－手册 Ⅳ.①F272. 9-62

中国版本图书馆 CIP 数据核字（2021）第 232440 号

书　　名：精英团队训练实操手册
　　　　　JINGYING TUANDUI XUNLIAN SHICAO SHOUCE
作　　者：林国峰

策划编辑：王　佩
责任编辑：王　宏　　　编辑部电话：(010)51873038　　　邮箱：17037112@ qq. com
封面设计：仙　境
责任校对：孙　玫
责任印制：赵星辰

出版发行：中国铁道出版社有限公司(100054,北京市西城区右安门西街 8 号)
印　　刷：北京联兴盛业印刷股份有限公司
版　　次：2022 年 3 月第 1 版　2022 年 3 月第 1 次印刷
开　　本：710 mm×1 000 mm 1/16　印张：11. 75　字数：217 千
书　　号：ISBN 978-7-113-28545-6
定　　价：69. 80 元

面对不断变化的市场环境和日趋激烈的市场竞争,团队如何才能保持竞争优势? 一部分管理者还没有找到这个问题的答案,所以他们遇到变化的时候会感到手足无措;另一部分管理者已经知道解决这个问题要打造一个具有竞争力的高绩效团队,并且采取行动,在打造高绩效团队的路上积极探索,但是效果甚微。

一般来说,管理者在打造高绩效团队的过程中常常会遇到以下几个问题:

不知道为什么要打造一支高绩效团队;

不清楚高绩效团队的底层逻辑;

员工不认同团队制定的绩效目标,进而不会为实现目标而努力工作;

实际的工作结果与期望的目标之间存在很大的差距;

员工之间总是发生矛盾,遇到问题互相推诿;

管理者摸不清团队发展究竟处于哪一个阶段;

…………

这些问题都直接阻碍团队发展,是导致团队无法成为高绩效团队的关键原因。也就是说,管理者只有正确认知高绩效团队并掌握解决团队管理的方法,才能打造出一支高绩效团队。

本书分为八章,运用贴合实际的案例及实操性高的管理工具,详细、具体、系统地阐述了打造高绩效团队的底层逻辑,提出团队管理相关问题的解决方案与策略。

第一章,明确自己需要一个高绩效团队是打造一支高绩效团队的前提。本章从团队的发展趋势、普通团队到高绩效团队、打造高绩效团队的底层逻辑以及打造高绩效团队的五大障碍四个方面,让管理者深刻认识到自己需要一个高绩效团队,以及围绕打造高绩效团队管理者需要掌握的底层逻辑和需要克服的五大障碍。

第二章,高绩效团队是一群人朝着同一个方向看齐的团队。所谓的同一个方向就是共同的团队愿景。所以,打造高绩效团队的第一步是共启愿景,构建激动人心的团队目标。本章为管理者共启愿景提供了一个系统的操作流程,包括团队愿景的定义、规划、测试、确立、告知、营销、分解、监督等。

第三章,团队能否创造高绩效的关键在于是否有一个领导力超强的卓越管理者。

所以,发挥高效能团队领导力也是打造高绩效团队的关键。本章提供了9个提升领导力的技巧以及三个工具,帮助管理者全方位提升领导力。

第四章,员工是高绩效团队的核心,所以打造高绩效团队的核心是对人才进行赋能,培养和选拔高效能员工。本章具体阐述了高效能员工的特征并提供了详细、具体的选拔和培养高效能员工的方法和工具。

第五章,高效能团队的本质是创造高绩效。所以,管理者还应当掌握一些技巧和方法,培养团队的核心战斗力,助力团队不断地实现绩效突破。本章主要阐述的是实现团队绩效突破的技巧、方法和工具。

第六章,高绩效团队的核心竞争力很大一部分源于团队的沟通力和协作力。本章内容包括团队沟通的五项原则:以协作为导向展开沟通;有效地听,清楚地说,有效地反馈;任何情况下都要控制情绪;组织召开有效会议以及寻求第三方变通方案。以系统阐述团队如何通过有效沟通,提升协作力。

第七章,高绩效团队之所以能够不断创造高绩效,关键在于管理者善于管理员工关系,并且懂得采取措施持续激发团队成员的内在能量。本章具体阐述了管理者应当掌握哪些激励措施,采取什么样的行为激发团队成员的内在能量。

第八章,高绩效团队不是一个只能在短期创造高绩效的团队,而是一个具有超强生命力,能够持续地创造高绩效,不断发展的团队。所以,管理者还应当掌握为团队注入持久生命力的技巧。本章阐述了团队发展的整个循环过程,能够让管理者快速找到并解决团队发展中存在的问题,为团队注入生命力。

本书旨在帮助企业的管理者或一些创业小团队的管理者重新认识高绩效团队并掌握打造高绩效团队的底层逻辑及技巧、策略和工具。所以,如果你在团队管理中遇到问题,或者你想使团队绩效倍增,那么请打开这本书,你一定可以找到自己想要的答案。

编 者

目录

第一章　你需要一个高绩效团队

在这个瞬息万变的时代中,只有快速学习、快速适应、快速创新的高绩效团队才能应对各种变化,在新的商业环境中获得成功并持续发展下去。

1. VUCA 时代团队发展的趋势

VUCA 是指组织将处于不稳定(Volatile)、不确定(Uncertain)、复杂(Complex)和模糊(Ambiguous)的状态之中。在 VUCA 时代,固有的团队模式不断受到挑战,团队发展面临的环境也越来越没有确定性。在这样的情况下,如何把握 VUCA 时代团队发展的趋势并顺势而为,对团队管理模式进行变革,进而带领团队创造更高的绩效,让团队获得持续的生命力,是摆在每个团队管理者面前的课题。

置身 VUCA 时代,团队发展的趋势是什么? 我们可以从 VUCA 时代的特点来探究这个问题。VUCA 时代的特征是不稳定、不确定、复杂和模糊,团队要在这样的环境下生存就必须具备敏捷、高效、学习能力强等特点,能够适应 VUCA 时代这种复杂且不断变化着的生存环境。概括来说,在 VUCA 时代下团队发展的趋势主要有三种:敏捷型团队、赋能型团队、学习型团队,如图 1-1 所示。

图 1-1　在 VUCA 时代下团队发展的趋势

（1）敏捷型团队

敏捷型团队是指对市场变化能够做出快速反应的团队。敏捷型团队能够在稳定和动态中找到平衡，将团队环境的不确定性转化为团队发展的目标和业绩增长的确定性。具体来说，敏捷型团队主要有两大特征。

第一，能够快速获取信息并有效地做出决策。

敏捷型团队会通过全渠道获取市场信息，并且将这些信息在团队内部公开。这样做的目的是让团队的每一名员工都清楚地了解团队当前处于什么样的市场环境中，面临哪些机遇和挑战。然后大家可以集思广益地发表各自的看法，最后有效地做出决策，灵活地调整团队运行的策略、方向等。

这样一来，团队的员工就能清楚地知道，团队当前的优先任务是什么，如何才能完成这些任务，团队的方向是什么，以便从容应对市场变化，获取更多的发展机会。

腾讯集团微信事业群的总裁张小龙曾在一次演讲中强调团队的敏捷性。他说："关于敏捷开发我特别希望大家能够多去做一些尝试。"这里的敏捷开发是指让团队更有敏捷性。

为了打造敏捷型团队，腾讯的微信事业群经常组织大量的线下会议，目的是协调各小组的工作。所有会议上的信息都是公开、透明的。员工可以选择参加任何一个会议。在会议中，员工不仅可以分享信息、协调行动，还能互相学习。

腾讯的微信事业群组织大量线下会议是为了有效地传递信息、公开信息。当员工接收到这些信息后，他们就能清楚地知道自己应当做什么、怎么做，从而能够更好地把握机会，提高团队的绩效。

因此，敏捷型团队的第一个重要特征就是快速获取信息并有效地做出决策。

第二，能够快速响应决策，赋能于行动。

决策在于执行，如果不能执行，再好的决策也没有任何意义。敏捷型团队的第二个特征是能够快速响应决策，赋能于行动。

VUCA 时代，市场环境变化越来越快，如果团队不能快速响应决策并赋能于行动，一旦稍有迟疑，市场便会被竞争对手占领。

某一个品牌市场热度很高，A 团队决定跟该品牌进行跨界合作，但是并没有积极响应决策、行动起来。B 团队做完决策后便立即安排团队员工协作执行决策，一部分人负责对接该品牌的负责人洽谈合作事宜，一部分人负责策划跨界合作产品和方案，一部分人负责市场宣传……

B 团队能够快速响应决策、赋能于行动，属于敏捷型团队。虽然 B 团队的决策未必正确，但是 VUCA 时代的任何一个决策都会面对不确定性。过去有七成把握才开始做的事情，现在只要有三成把握就应当去尝试。只有这样才能更快地适应市场，快速迭代，把握更多的市场机遇。从这个角度看，B 团队赢的概率要远远大于 A 团队。

从做决策到响应决策并赋能行动的速度，往往决定了一个团队能否适应市场变化，把握更多的市场机会。所以，敏捷型团队不仅能够快速获取信息并有效地做出决策，还能快速地响应决策，最终付之于行动。

（2）赋能型团队

阿里巴巴集团副总裁曾鸣教授在为《重新定义公司》一书做推荐序时写道："未来组织重要的功能已经越来越清楚，那就是赋能，而不再是管理或激励。"这段话让"赋能"一词得到更多企业的关注，阿里巴巴、腾讯、京东、联想等企业都纷纷开始以"赋能"作为未来的发展战略。

阿里巴巴不断强调要赋能商家，赋能中小企业。

腾讯的大局观是"连接一切，赋能于人"。

京东到家发布了"零售赋能"新战略。

联想要做"职能变革"的推动者和赋能者。

什么是赋能？为什么大家如此重视赋能？

赋能是指为个人或团队赋予某种能力和能量。各大企业之所以对赋能如此热衷，正是因为赋能能够化被动为主动，让企业和团队能够更好地应对复杂变化的环境。传统的团队更多的是被动接受指令的执行型团队。这样的团队只会无条件地接受命令并执行命令，显然无法适应 VUCA 时代。VUCA 时代，需要的是能够自我驱动、主动适应变化、敢于大胆试错的团队。所以，传统的执行型团队需要变革，时代需要赋能型团队。

赋能型团队的核心特征是自下而上的，激发每一名团队成员的内驱力，在尊重个人意愿与想法的基础上，共启团队愿景与价值观，形成团队整体的价值观。具体来说，赋能型团队有以下三个重要的特点，如图 1-2 所示。

第一，分权。赋能型团队会通过相关的制度进行分权，授予员工相应的权力。当团队的员工被授予一定的权力后，便能激发他们的主观能动性，实现自我驱动。在自我驱动下，团队的核心动力就会来自团队的每一位成员。团队的行动并不是来自上级发布的指令，而是员工自己的主动意愿。这样才能激发团队每一位员工的潜能。

第二，分享。赋能型团队允许员工存在不同的观点并尊重每一位员工的观点。在这样的团队氛围中，每一位员工才能坦诚地表达自己的想法，进而有利于激发对团队更具有价值的观点和想法。

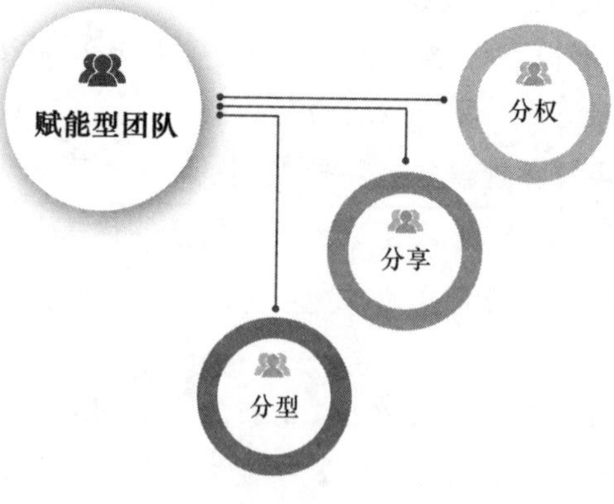

图 1-2　赋能型团队的重要特点

第三,分型。分型是指赋能型团队从传统的雇用模式转变成阿米巴经营模式。阿米巴经营模式是指将整个团队分割成许多被称为"阿米巴"的个人,每个员工都作为一个独立的利润中心,按照个体户的方式进行独立经营。这也就是我们说的将团队打散的分型。这种经营模式的优点是,可以充分释放每一位员工的潜能,培养出具有经营意识的员工,助力团队获得更长远的发展。

毫无疑问,赋能是应对不稳定、不确定、复杂和模糊的 VUCA 时代的有效的团队管理方式之一,是团队发展的新趋势。

(3)学习型团队

学习型团队是指通过培养整个团队的学习气氛,充分发挥员工的创造性思维能力而建立起来的一种能持续发展的团队模式。我们知道人才很重要,其实人才与普通人最大的区别就是思维方式的区别,而学习能够改变并提升人的思维方式。所以,团队管理者要想培养人才,提升团队的核心竞争力,就需要打造一个学习型团队。

学习型团队的特征主要有以下几个。

第一,拥有终生学习的理念和机制,重在养成终生学习的思维模式。

第二,每个人都会参与学习和解决问题。

第三,形成共同学习、共同分享的团队氛围。

第四,具有与实现共同愿景相匹配的学习力,能够随着市场的变化以及团队的发展,不断学习新的知识和技能。

第五,敢于试错,在试错的过程中不断提升团队的应变能力。

一个团队的知识、学历、技能等都是外化,比较容易被模仿和超越,但团队的学习能力很难被模仿。一种属于团队的、行之有效的学习能力,具有独特性和不易模仿性,很难被超越,能够让团队从容应对不确定时代下的各种挑战。所以,学习型团队是 VUCA 时代团队改革的方向之一。

VUCA 时代对于一些团队管理者来说是一个巨大的挑战,但是挑战的另一面也藏着很多机遇。团队管理者要想把握这些机遇,关键在于搞清楚在 VUCA 时代团队发展的趋势,然后采取正确的方法和措施借势而上。

💡 **Tips** —————

能够快速适应 VUCA 时代的团队必定是敏捷、高效、学习能力强的团队。

2. 从普通团队到高绩效团队

通常情况下,团队的发展会经历三个阶段,如图 1-3 所示。

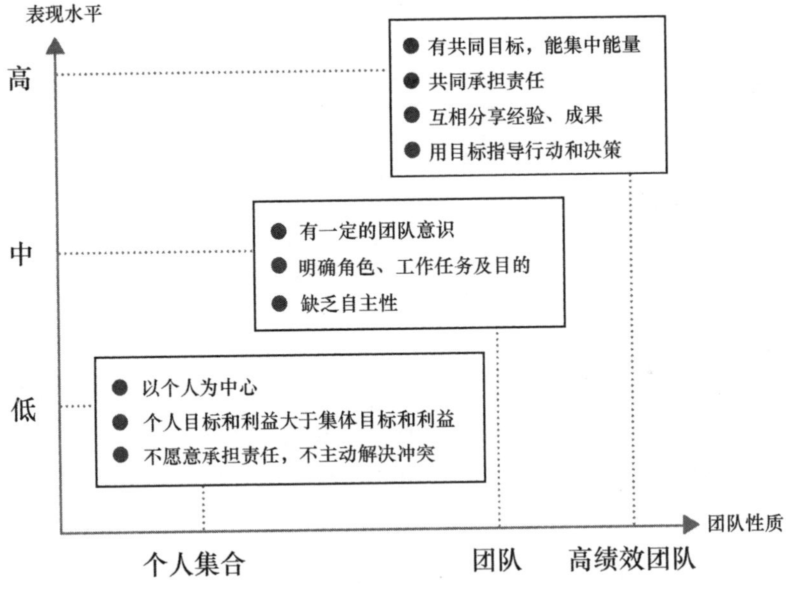

图 1-3　团队发展会经历的三个阶段

第一个阶段:个体的集合。处于这个阶段的团队倾向于以个人为中心,个人目标大于集体目标,个人利益大于集体利益。员工不愿意承担责任,不会主动解决冲突。

第二个阶段:团队。在这个阶段中,团队开始逐渐形成。团队成员拥有一定的团队意识,明确自己在团队中的角色,明确自己的工作任务及目的,并会建立共同工作的各种规范、制度。然而,这个阶段的团队仍然缺乏自主性,倾向于以领导为中心,按照领导的指令按部就班地完成任务。

第三个阶段:高绩效团队。这个阶段,团队已经形成且能够集中能量,迅速地对机会做出反应。团队成员能承担责任,会互相分享经验、成果,且每个人都会以团队目标为中心,用目标指导行动和决策,致力于实现目标。

大多数团队已经从第一个阶段的个体集合成功升级到第二个阶段的团队,但能成功由第二个阶段的团队升级到第三个阶段的高绩效团队的并不多。一个普通的团队将很难应对 VUCA 时代的变化性和复杂性,因此,如何将普通团队打造成高绩效团队,是 VUCA 时代的团队管理者应当认真思考并解决的问题。

高绩效团队就是以各自拥有的不同技能互为补充,通过共同途径,为了共同的宗旨、业绩目标而奋斗,达成他们所共同担负使命的一小组人。具体来说,高绩效团队需要具备六个基本要素,如图1-4 所示。

图1-4　高绩效团队的六个基本要素

(1)规模小

不少管理者对团队规模的大小存在一个认识误区,他们认为团队规模越大越好。实际并非如此,小团队反而更有优势。小团队的优势主要体现在以下几点。

第一,更容易管理。团队规模过大,容易分散管理者的时间和精力,进而会加大管理工作的难度。小团队相对来说就比较好管理。

第二,成本更低。大团队自然需要更多的时间成本、人力成本和物力成本。相比之下,小团队的成本更低。

第三,更容易找到共同的方向感。团队规模大了,也意味着不同的想法更多,这样的团队很容易缺乏共同的方向感。相对来说,小团队人数少,不会存在太多不同的想法,更容易找到共同的方向感。

第四,更能保持专注。心理学中有一个"林格曼效应",也叫"社会性逃逸",该效应来自法国农学工程师林格曼的一个著名的拔河实验。当拔河的人数逐渐增加时,每个人所用的力量反而越来越少,并没有达到力量累加的效果。例如,当一群人围观一个需要帮助的人时,却很少有人伸出援手。这个效应在团队管理中的表现是当团队规模变大时,个体的专注度会降低,不会努力地工作,个体效率和团队效率都会降低。相反,小团队因为规模小,个人的专注度会提升,员工更愿意承担责任,更会努力执行任务,个体效率和团队效率都会因此得到提高。

总而言之,高绩效的团队人数规模不宜过大,通常应当少于 12 人。如果超过 12 个人,团队的运行速度就会变慢。当然,具体人数还应当根据团队的工作内容来定。

(2)技能差异且互补

《论语·子路》里有一句话:"君子和而不同。"这句话的意思是君子之间在各抒己见的情形下,还能保持和谐的关系。高绩效团队需要的正是这样的"君子"。

在高绩效团队中"君子和而不同"是指团队成员之间的关系和谐,但是技能可以存在差异且互补。这样才能形成"1 + 1 > 2"的效果,实现团队价值的最大化。

例如,一名员工精通视频剪辑,另一名员工会写脚本并擅长在镜头面前表达自己。虽然他们俩的技能存在差异,但是刚好互补,能够通过协作制作出一段内容立体又丰富的优质视频。相反,如果两个人都是精通视频剪辑或会写脚本并擅长在镜头前表达自己,那么就很难形成互补格局。

(3)共识的工作程序

共识的工作程序是指团队成员对团队的工作程序达成一致意见,并且会在工作中相互积极配合。这是高绩效团队所应该具有的最强特征。

例如,在一个高绩效团队中,A 部门是产品部门,B 部门是市场营销部门。在产品即将推向市场的时候,A 部门会与 B 部门分享研发产品的心得以及产品的市场优势、劣势等。B 部门获得 A 部门的分享后,会总结产品的相关信息并结合市场环境制定产品营销计划。产品营销计划实施中,B 部门会将这些市场反馈信息及时分享给 A 部门。A 部门会根据市场反馈不断地改进产品,研发出更适合市场、更符合客户需求的产品。

A 部门与 B 部门的默契配合正说明他们对工作程序达成了共识。这种有条不紊的合作,显然更容易提升工作效率,进而可以提升团队的绩效。相反,如果团队没有共识的工作程序,团队的员工就很容易出现各自为政、不配合、不协调、不关心的情况。这种情况下,团队的业绩自然很难提升。

(4)共同的宗旨和目标

高绩效的团队必定是有共同宗旨和目标的团队。

团队的宗旨是指团队发展的主要意图、理想。共同的团队宗旨能够指引团队的员工朝着同一个方向努力奋斗。

例如，阿里巴巴的宗旨是"让天下没有难做的生意"。围绕这一宗旨，阿里巴巴不断地努力改进、变革、创新，阿里巴巴的员工都为了实现这个宗旨而努力奋斗。

团队的共同目标是指团队成员共同制定的具体的业绩目标。阿里巴巴的创始人马云曾说："不能统一人的思想，但是可以统一目标。"高绩效团队不会改变员工的思想，但是会通过统一的业绩目标，让员工朝着同一个方向努力。

例如，销售团队某个月要完成 20 万元的销售额。高绩效团队的管理者不会说"你们既然来到了这个团队，就要努力为团队做出贡献……"，而会召集团队的成员一起讨论制定共同的业绩目标，并告诉大家："我们团队这个月的业绩目标是 20 万元。如果大家达到了这个目标，我们团队就能拿到 XX 奖金，员工会根据个人的实际贡献拿到相应的奖金。"这样的共同目标比改变员工的思想更实际，也更能激发员工的潜能和积极性。

（5）相互承担责任

相互承担责任是高绩效团队构成的基本要素，也是关键要素。因为只有懂得并敢于相互承担责任的团队，才具有凝聚力和向心力，从而齐心协力地为团队创造更高的绩效。

一个不懂得互相承担责任的团队就像一盘散沙，风一吹就会散，而一个懂得互相承担责任的团队，就像一条绳上的蚂蚱，会为彼此负责、为团队负责。

（6）关注结果

很多团队的管理者抱怨"我们做了很多努力，但是绩效还是无法提升""我们也为顺应时代进行变革了，但是为什么效果甚微"……导致这些问题的关键原因或许不是管理者做了什么，而在于管理者只关注自己做的过程，没有关注自己所做的事情达成了什么样的结果。

任何团队的最终目的都是盈利，而要获得利润就需要团队能够创造理想的结果，也就是我们所说的高绩效。所以，高绩效团队往往不会只关注做的过程，他们还以结果为导向，关注他们是否创造了高绩效。

例如，产品研发的员工不会只关注自己花了多少时间设计产品研发方案，不会只关注自己熬了多少个夜、加了多少个班对新产品进行试验……他们会重点关注新产品是否成功，新产品投入市场后的反应如何，为团队带来多少盈利。

对于高绩效团队而言，创造高绩效才是他们价值的最好体现，其他无须多说。

> 💡 **Tips**
>
> 团队与高绩效团队的本质差异不是绩效的高低,而是团队基本要素之间的差异。

3. 打造高绩效团队的底层逻辑

为什么团队的绩效总是得不到改善?

为什么团队员工的人均效益不理想?

为什么使用了很多绩效改进策略和工具,依然无法提升团队绩效?

…………

其中的关键原因是团队的管理者没有搞清楚高绩效团队背后的底层逻辑。

《基业长青》的作者詹姆斯·柯林斯(James C. Collins)曾说:"任何一个企业都有两面,'阴'的一面和'阳'的一面,'阴'是不变的东西,'阳'是变化的东西。"这里说的'阴'就是我们所说的底层逻辑。无论外界如何变化,企业发展的底层逻辑是不变的,团队也是如此。一些团队的绩效之所以得不到提升,很大程度上是他们只关注变化的部分,没有关注不变的底层逻辑。

高绩效团队不变的底层逻辑为:共同愿景,沟通协作,高效执行,有效领导,认同意愿,如图 1-5 所示。

图 1-5　打造高绩效团队的底层逻辑

(1)共同愿景

共同愿景是指团队所有成员的共同愿望、理想或目标,它来源于个人愿景但高于个人愿景。树立共同愿景是打造高绩效团队的基础。因为团队成员的价值观不同、地位不同、需求不同、看待问题的角度不同,因此他们对团队愿景的认识存在很大的区别。在这样的情况下,团队很难凝聚大家朝着同一个方向努力。因此要使团队高效运转,不断创造高绩效,就必须树立一个共同愿景,让员工知道:

"我们要完成哪些任务?"

"我们完成这些任务能得到什么?"

"团队的方向是什么?个人的方向是什么?"

"我们要如何协作才能实现愿景?"

⋯⋯⋯⋯⋯

这是共同愿景在员工工作中的具体化,是团队的发展方向和信念,能够让团队成员排除万难,齐心协力地朝着共同的目标奋斗,创造高绩效。所以,高绩效团队都有明确的共同愿景。

(2)沟通协作

沟通协作是高绩效团队的典型特征,也是高绩效团队运行最关键的底层逻辑。未来企业与企业之间的竞争将转变为团队与团队之间的竞争,而团队竞争的焦点就在于团队成员之间的沟通和协作。

高效的沟通协作能够提高团队的效率和效能。具体来说,高效的沟通协作对团队的作用主要体现在以下三个方面。

第一,有效解决团队中存在的问题。团队发展过程中难免会遇到一些问题,能够快速、高效解决问题的团队才能创造高绩效。解决团队的问题不是管理者一个人能够做到的事情,需要整个团队的力量参与其中,通过相互沟通寻找出能够解决问题的最佳办法。

第二,协调团队成员之间的关系,增强团队凝聚力。为了实现团队目标,团队成员之间必须有密切的配合和协作。只有团队成员之间有良好的沟通意识,团队成员之间才能彼此了解,拉近彼此之间的关系,互相配合、协作,进而形成团队意识,使得团队的成员能够齐心协力地实现团队愿景。

第三,充分调动团队成员的积极性和创造性。管理者可以通过沟通协作的方式,将团队成员的力量、智慧、经验等资源进行充分合理的调动,这样能够有效激发员工的潜能,调动员工的积极性和创造性。

所以,高绩效团队都具有高效沟通协作能力,且会不断地提升团队的沟通协作能力。

（3）高效执行

高效执行就是将团队的愿景转化为行动，再将行动转化成结果。愿景转化成结果，是高绩效团队的最终目标，也是团队成功的必要条件。所以，一个高绩效团队必定要有高效的执行能力。

具备高效执行力的团队在工作中会有如下的工作理念。

立即行动。

拒绝任何理由和借口。

不断优化工作流程和方法，以提高执行效率。

日清日毕，每日精进（当天的工作必须当天完成，今天完成的事情必须比昨天有质的提高，明天的目标必须比今天更高）。

一切以结果为导向。

在这样的工作理念下，团队的执行力会越来越强。所以，高绩效团队不是一群只会制定伟大愿景的人，他们更是懂得立即行动、高效执行并将行动化为结果的人。

（4）有效领导

团队能否有效地运转，团队成员的个人能力、技能、知识等能否转化为团队的生产力以及盈利能力的关键是有效领导。有效领导是指团队管理者能否激发团队每一个人的潜力，成功带领团队前进。

有效领导对团队发展主要有以下三个作用。

第一，让团队在最优配置下合理化运营。

第二，掌握团队的大方向，避免团队发展偏离目标方向。

第三，识别员工的优势，激发员工的潜能。

有效领导能够最大限度地增强团队的核心竞争力，激发团队员工的潜力，帮助团队提升绩效。所以，高绩效的团队离不开一个能有效领导团队的管理者。

（5）认同愿景

团队成员不认同愿景，愿景就不具备激励作用，实现愿景便遥不可及。所以，认同愿景也是打造高绩效团队的底层逻辑。

认同愿景对团队发展主要有以下三个作用。

第一，避免各自为政的问题出现。

第二，具有一定的激励作用。

第三，个人及团队发展方向明确。

团队成员对团队愿景的认同程度反映了他们在行为方式上的配合程度，也决定了团队的互相协作能力，进而决定了团队能否创造高绩效。所以，高绩效团队在树立共同愿景后,还会通过一定的方式向员工"推销"愿景,并确保每一个团队成员都认同共同愿景。

有句话说"万丈高楼平地起",我们只有掌握一件事的底层逻辑,才能更好地搭建好上层建筑。因此,管理者要想打造一个高绩效团队,首先不必急于去寻找技巧和方法,而应当先掌握底层逻辑。在底层逻辑的加持下,技巧、方法才能更加行之有效。

Tips

高绩效团队的底层逻辑是共同愿景、沟通协作、高效执行、有效领导、认同愿景。

4. 打造高绩效团队的五大障碍

通常情况下,团队管理者在打造高绩效团队的时候会遇到以下五大障碍,如图1-6所示。

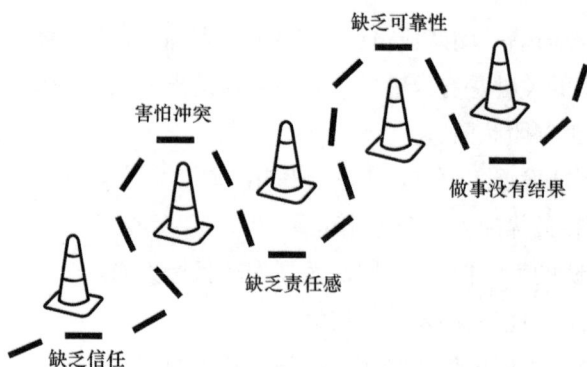

图1-6 打造高绩效团队的五大障碍

（1）缺乏信任

信任是团队协作的基础,更是高绩效团队必不可少的基本素质之一。成员间相互信任的团队,才能实现高效的沟通、良好的协作,从而创造高绩效。相反,一个缺乏信任的团队称不上团队,更谈不上高绩效。

通过表1-1我们可以看出,缺乏信任的团队成员在团队中会过分小心、互相戒备,这样的心态不但不利于他们更好地投入工作,还会影响团队的工作氛围和工作绩效。所以,团队成员之间缺乏信任是打造高绩效团队首先要克服的障碍。如果团队成员之间无法建立信任关系,高绩效团队就无从谈起。

表1-1 缺乏信任的团队成员与拥有信任的团队成员对比

缺乏信任的团队成员	拥有信任的团队成员
互相隐瞒缺点和错误	敢于承认弱点和错误
不愿意求助他人或不会主动提供建设性的建议	主动寻求帮助,并且会积极、主动地提供建设性的建议
不愿意承认其他成员和学习他们的经验、技能	欣赏并学习团队其他成员的经验、技能
害怕团队活动	期待并珍惜团队一起合作的机会

（2）害怕冲突

害怕冲突的团队通常缺乏活力、积极性,这样的团队氛围很难激发员工的潜能,提升团队绩效。

我们来看一看害怕冲突的团队与敢于驾驭冲突的团队的区别,见表1-2。

表1-2 害怕冲突的团队与敢于驾驭冲突的团队对比

害怕冲突的团队	敢于驾驭冲突的团队
会议只是形式,很少有人发表意见	团队成员在会议上很活跃,积极发言
管理者无法听取每个团队成员的观点和想法	管理者积极听取并采纳对团队发展有利的每一位成员的观点和想法
不敢讨论创新性的话题	敢于讨论创新性且利于团队发展的话题
尽可能保持沉默,规避人际关系风险	遇到冲突,解决冲突,快速成长

从表1-2中我们可以看出,敢于驾驭冲突的团队更具有活力、积极性,这样的团队成长快,也更能适应外界的变化。所以,冲突并非一件不利于团队发展的事情。很多时候,冲突反而能帮助团队发现问题,解决问题,提升绩效。因此,害怕冲突的团队将很难打造成高绩效团队。

（3）缺乏责任感

责任感是指团队每一位成员都有想把工作做好的意识,这也是高绩效团队成员的基本素质之一。我们来看一看缺乏责任感的团队与具备责任感的团队有哪些不同之处,见表1-3。

表1-3 缺乏责任感的团队与具备责任感的团队对比

缺乏责任感的团队	具备责任感的团队
团队发展方向和工作任务模糊不清	团队发展有明确的方向,工作任务清晰
团队成员之间相互推诿	团队成员敢于承担责任
害怕犯错便不敢积极行动	积极行动,培养自己在错误中改进的能力
喜欢呆在舒适区	敢于创新,不断前进

从表 1-3 中我们可以直观地看出,具备责任感的团队其发展方向、工作任务更清晰,员工责任心更强,工作更积极、主动。这样的团队才有可能创造出高绩效。相反,缺乏责任感的团队发展方向、工作任务不清晰,员工缺乏责任感、工作消极,这些都是打造高绩效团队的障碍。

（4）缺乏可靠性

团队的可靠性主要来自团队每一位成员的可靠性。当团队中某个成员的可靠性降低到团队无法接受的程度时,团队就会产生问题。例如,团队的某项工作需要大家当天配合完成,但是某个成员却一直没有推进自己的工作任务,导致其他成员的工作都无法开展。这样不可靠的团队成员就会大大降低团队的工作效率,进而会成为打造高绩效团队的障碍。

为了让大家更深入地了解缺乏可靠性这个障碍,我们来看一下缺乏可靠性的团队与可靠性高的团队分别具备哪些特点,见表 1-4。

表 1-4　缺乏可靠性的团队与可靠性高的团队对比

缺乏可靠性的团队	可靠性高的团队
团队成员很容易因为某个矛盾产生情绪而不认真工作	团队成员不会因为自身情绪影响工作
不在规定期限完成工作	在规定期限内尽量提前完成工作
表现一般的团队成员不会审视自己的问题	可靠性高的团队成员会迫切想提升自己,改进绩效成绩
团队成员之间很容易产生矛盾	团队成员之间互相尊重,大家共同追求高标准

由表 1-4 可以看出,缺乏可靠性的团队比可靠性更高的团队更容易产生问题,且团队成员的自主性和执行力都较弱,而这些问题会影响团队绩效。因此,缺乏可靠性也是打造高绩效团队必须克服的障碍。

（5）做事没有结果

高绩效团队和普通团队的区别就在于是否能产出结果,对比见表 1-5。

表 1-5　做事没有结果的团队与关注结果的团队对比

做事没有结果的团队	关注结果的团队
放大个人行为	将个人行为最小化,注重团队利益
停滞不前,无法获得更好的发展和成长	不断努力,追求最好的结果
很少击败竞争对手	竞争力强,能够击败竞争对手
容易偏离目标	不会轻易偏离目标

从表 1-5 中，我们可以看出，关注结果的团队比做事没有结果的团队更能聚焦团队目标，为团队创造利益。团队的最终目的就是盈利，管理者要的是一个能产出结果的团队。换句话说，不能创造绩效的团队是无效的，只会阻碍团队发展。所以，做事没有结果也是打造高绩效团队要克服的障碍。

打造一支高绩效团队确实不容易，但是打造高绩效团队的过程并不复杂。如果管理者可以了解以上五大障碍并采取合适的方式克服这些障碍，那么就已经向打造高绩效团队迈出了重要的一步。

Tips

高绩效团队的五大障碍是缺乏信任、害怕冲突、缺乏责任感、缺乏可靠性、做事没结果。

第二章　共启愿景:构建激动人心的团队目标

"上下同欲者胜",要想打造一支高绩效团队,就必须做到"上下同欲",即共启愿景,构建激动人心的团队目标。

1. 团队愿景 = 方向 + 定位 + 目标 + 远见

被誉为学习型组织之父的彼得·圣吉(Peter M. Senge)在其著作《第五项修炼:学习型组织的艺术与实务》中说:"愿景是你想创造的,用现在时描绘的未来图像,就好像发生在眼前一样。"愿景中描绘的未来图像越具体、清晰、丰富,对团队成员的激励性越大。那么,如何描绘一个具体、清晰、丰富的团队愿景呢?

管理者只要将团队的方向、定位、目标及远见具体、清晰地传递给员工,就能描绘出一个具体、清晰、丰富的未来图像,激励团队成员努力实现愿景,如图 2-1 所示。

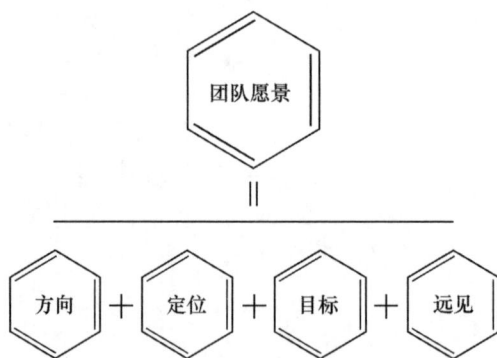

图 2-1　团队愿景

(1)方向

团队愿景应当为团队的发展指明方向,否则就不是真正意义上的愿景。

例如，阿里巴巴最初的愿景是"让天下没有难做的生意，打造开放、协同、繁荣的电子商务生态圈"。在这个愿景下，阿里巴巴明确了自己的方向——面向所有企业和创业者。于是阿里巴巴不断地下沉市场，也不断提升专业技术，追求绝对规模和领域拓展。

在明确方向的指引下，阿里巴巴不断地发展壮大，逐步靠近自己当初塑造的愿景。所以，团队的愿景一定是对团队未来发展方向的谋划，能够清晰地指明团队未来的发展方向。

（2）定位

团队定位是指通过产品或品牌塑造团队独特的个性、文化和良好形象。简单地说，定位就是指团队能够为客户以及社会提供什么价值。只有团队定位明确了，团队成员才能知道具体要做什么。所以，在塑造团队愿景时必须明确团队定位。

在确定团队定位的时候，我们可以问自己以下几个问题。

团队是什么类型的？服务型团队还是研发型团队？

团队面临的首要任务是什么？

依据什么原则确定团队成员和团队的各种规范？

团队对谁负责？

找到这些问题的答案后，我们才能确定团队定位。不同类型的团队存在很大的差别，它们的工作周期、工作方式、决策方式、授权方式等都会存在不同。例如，一个服务型团队可能需要持久地工作，工作流程比较固定，团队成员的差异化不严重。但是一个研发型团队的工作周期可能比较短，团队成员的差异化也比较明显。让服务型团队去实现研发型团队的愿景，是一件不太现实的事情。所以，团队定位是团队愿景的前提和关键，团队愿景中必须要有明确的团队定位。

（3）目标

团队愿景描绘的是团队未来的图像，是团队发展的方向。但是如果只有一个遥远的未来，很容易让员工迷失方向，无法实现最终的团队愿景。因此，团队愿景还应当分解为具体的、可实现的阶段性目标。

阶段性目标可以按照时间来划分，如三年目标、五年目标，也可以根据不同的项目来划分，如销售目标、产品研发目标。具体如何划分，要根据团队的性质和具体情况来定。要注意的是，无论按照何种形式分解的目标都必须服务于愿景，即实现该目标有助于让我们离团队愿景更近一步。

（4）远见

团队愿景描绘的是团队未来要实现的愿望，既然是未来要实现的愿望，那么愿景就要预见未来的趋势,具有远见。否则,团队愿景只是一个小目标,不足以激励团队走得更高、更远。

例如,微软公司成立于1975年,那个年代个人电脑并未普及,但是微软的创始人比尔·盖茨(Bill Gates)预见个人电脑未来将会有非常大的发展空间,微软将因为能够提升人们的生活和工作质量而被广泛运用,于是将微软最初的愿景设立为"让每个家庭都拥有一台计算机(并运行微软的软件)"这个愿景支撑了微软的持续发展并成就其业界霸主地位。

有远见的愿景才能让团队成员看到美好的未来,愿意为美好的未来奋斗,才能让团队顺势而上,把握更多的发展机遇。所以,构建团队愿景的时候一定要明确团队愿景不是小目标,而是具有远见的未来。

大多数高绩效团队的诞生都基于团队愿景,因为共同愿景能够使团队成员清楚地知道自己未来的方向,清楚地知道自己下一步应当做什么,能够让团队成员团结起来,使之产生"1 + 1 > 2"的合力。所以,为了达成这样的团队效果,打造一支高绩效团队,团队管理者就应当将团队的方向、定位、目标及远见清晰地传递给员工。

🔆 **Tips** ─────────────────────────────
　明确团队愿景是什么,是共启团队愿景的前提。

2. 规划:团队愿景与个人愿景

共启愿景的第一步是对愿景进行规划。

(1)团队愿景规划

团队愿景规划是指基于团队的现状、特点、性质等设计团队的蓝图。对团队愿景进行规划的时候,我们需要回答,如图2-2所示的三个问题。

第一,团队为什么存在?

在进行团队愿景规划的时候,我们首先要清楚地知道团队为什么存在,即团队存在的价值和意义。

例如,某团队存在的价值和意义是"为人们提供便捷的通信服务"。

当团队明确自己的价值和意义是"为人们提供便捷的通信服务"时,那么他们就可以以此为基础,并结合时代的发展趋势和团队的优势,畅想团队以后能发展成什么样子。

图 2-2 团队愿景规划

简单地说,"团队为什么存在"这个问题回答的是团队现在的样子。我们只有了解自己本身的样子,才能进一步畅想未来,描绘未来的蓝图。否则,构建的团队愿景就只是一个空想。

第二,我们将走向哪里?

明确团队存在的价值和意义后,我们还要进一步思考:我们将走向哪里? 这个问题的答案就是团队的愿景。

例如,某团队存在的价值和意义是"为人们提供便捷的通信服务",团队要走向的未来是"通过信息技术丰富人们的沟通和生活"。

"通过信息技术丰富人们的沟通和生活"就是在"为人们提供便捷的通信服务"的基础上畅想的未来,是更加宏伟的愿望,也是团队未来的发展方向,是团队的共同愿景。所以,在对团队愿景进行规划的时候,应当在探讨团队存在的价值和意义的基础上,追问"我们将走向哪里"。

第三,如何实现愿景?

无论是"让天下没有难做的生意"的愿景,还是"通过信息技术丰富人们的沟通和生活"这样的愿景,都是可以实现的。也就是说,愿景不是天马行空的一个想法,因此在规划愿景的时候,我们还应当思考我们要如何做才能实现这个愿景。思考这个问题主要是为了帮助我们进一步明确方向,优化、调整团队的共同愿景。

在找到以上三个问题的答案之后,管理者便可以收集相关资料、信息,并通知员工为确立团队的共同愿景做相关准备。

（2）个人愿景规划

个人愿景是指员工个人对自己未来发展的一种愿望，是员工个人持续行动的内在动力。如果没有个人愿景，员工很有可能会被动地认同团队愿景。这种情况下，他们只会服从，不会主动、积极地实现团队的共同愿景。所以，管理者在对团队愿景进行规划之后，还应当带领员工对个人愿景进行规划。

《孙子兵法·谋攻》中说道："上下同欲者胜。"意思是上下齐心就能够获得胜利。这句话同样适用于团队愿景与个人愿景的规划中。当个人愿景与团队愿景一致的时候，团队愿景才能得以实现。所以，在对愿景进行规划的时候，管理者应当思考如何能更好实现团队愿景与个人愿景的有效结合。要想将二者进行有效的结合，管理者可以从以下两个方向进行思考和规划。

第一，鼓励并要求员工树立和团队愿景一致的个人愿景。管理者应当鼓励并要求员工树立个人愿景。作为团队的一员，员工的个人愿景不只是员工个人的想法，还应该和团队愿景保持一致的方向。所以，在员工规划个人愿景的时候，管理者要给予指导，确保员工的个人愿景与团队愿景的方向一致，且愿景是科学、合理的，具有前瞻性和引导性。

第二，为员工搭建实现个人愿景的平台。个人愿景的实现是团队愿景实现的基础。所以，管理者在带领员工树立个人愿景的过程中就要关注如何帮助员工实现个人愿景，并且结合团队的实际情况搭建帮助员工实现个人愿景的平台，包括薪酬福利的制度平台、学习和成长的平台、职业发展平台等。

（3）形成一个初步的共同愿景

在对团队愿景和个人愿景进行规划后，下一步要做的是召开团队会议，对团队愿景和个人愿景进行讨论、分析并找出共性，形成一个初步的共同愿景。

在讨论阶段，主要目的是收集团队成员的意见，所以管理者要鼓励员工真实地表达自己的想法，并且不要对员工的任何想法做出判断。

充分讨论之后，结合所有团队成员的意见，找到团队愿景和个人愿景间的契合点，并形成一个初步的共同愿景。

初步的共同愿景不必过于追求"像一个愿景"。也就是说，初步的共同愿景可以是一段话也可以是一句话，只要能够表达团队愿景和个人愿景的共性，让团队的所有成员都感觉到"这个愿景和我有关"即可。

作为团队的管理者，在带领团队树立愿景的时候一定要避免出现把自己的愿景强加给团队和员工的情况。管理者的愿景不能等同于团队愿景，更不能等同于员工愿景。

💡 **Tips**

团队的共同愿景是团队愿景与个人愿景的统一。

3. 测试：让员工就初步的共同愿景发表看法

初步的共同愿景可以说是一个设想，这个愿景适不适合团队的发展，能不能通过努力实现都是不确定的事情。所以，形成初步的共同愿景后，还要对愿景进行测试，让团队成员就初步的共同愿景发表看法。

一般来说，员工对初步的共同愿景的看法有三种。

第一种，不认同初步的共同愿景。导致员工存在这种想法的原因可能是个人愿景与共同愿景不一致。

第二种，保持中立态度。员工既不会不认同初步的共同愿景，也不会持相反意见。员工保持这样的态度很有可能是因为害怕产生冲突。

第三种，认同初步的共同愿景。员工认同初步共同愿景的原因可能是初步的共同愿景跟个人愿景一致，或者是自己期待的方向。

不管员工对初步的共同愿景存在哪一种看法，我们都应当鼓励他们发表自己的看法，认真聆听他们的意见。因为初步的共同愿景本身就存在一定的不确定性，它可能利于团队的发展，也可能会阻碍团队的发展。故此，不能因为团队的大多数成员认同这个愿景，我们就说这是一个利于团队发展的愿景；也不能因为团队的大多数成员持相反意见，我们就说这是一个不利于团队发展的愿景。在测试阶段，我们需要的是更多的看法，让我们能进一步对初步的共同愿景展开更深入、细致的分析，进而才能不断改进、优化，最终确立一个适合团队发展、能够推动所有团队成员不断前进的愿景。

为了鼓励员工发表自己对初步共同愿景的看法，管理者可以采取提问的方式。提问能够有效激发员工的积极性，让他们踊跃参与到初步的共同愿景的讨论中，坦诚、详实地发表自己的看法。

（1）询问团队所有成员对初步的共同愿景的看法

在第一章中我们提到，高绩效团队的规模一般少于 12 个人。在团队规模不大的时候，我们更应该考虑到每一个成员的看法，这样更有利于塑造所有成员愿意为之付出努力的共同愿景。所以，在形成初步的共同愿景后，管理者应该组织愿景测试会议，询问团队中每一个成员对初步共同愿景的看法。

管理者询问团队成员看法的时候态度一定要诚恳,语气要温和,否则员工可能会认为询问他们的看法只是一个形式,不会主动、积极地发表自己的意见。

(2)让员工进行分组讨论

前面我们提到,员工对初步共同愿景的看法有三种。在鼓励团队所有成员发表对初步共同愿景的看法后,可以按照三种不同的看法将员工分成三组进行讨论。当然,具体如何分组要视具体情况而定,例如没有人持中立看法就可只分为两组。下面我们按照三组来阐述。

第一组:不认同初步的共同愿景。管理者可以提出以下几个问题让他们进行讨论。

"你为什么不认同初步的共同愿景?"

"你认为初步的共同愿景存在哪些不足?"

"如果是你,你会如何改进初步的共同愿景?"

第二组:保持中立态度。管理者可以提出以下几个问题让他们进行讨论。

"你为什么会保持中立的态度?"

"你是否有其他的想法?"

第三组:认同初步的共同愿景。管理者可以提出以下几个问题让他们进行讨论。

"你为什么认同初步的共同愿景?"

"你认为要实现初步的共同愿景,我们需要做什么?"

"你是否还有更好的意见和建议?"

分组讨论的重点其实就是为了通过"头脑风暴",让大家可以畅所欲言地发表自己的看法。小组成员可以围绕管理者提出的问题展开讨论,也可以发表更多的看法。总之在这个环节,大家发表的看法越多越好。所以,管理者除了要提出问题,还要给员工提供充分的信息和讨论的时间,让他们能够尽情地讨论。此外,不能刻意引导员工回答问题,要让员工真实地表达自己的想法。

每一组可以安排一个组长,让他负责汇总团队成员对以上这些问题给出的答案,并对该小组的意见进行总结,力争达成一致意见。然后,由组长代表该小组在团队会议上进行发言。

愿景测试可以帮助管理者深入地了解团队成员对初步共同愿景的真实反应以及看法,有利于描绘出更清晰、更适合团队发展且能够让团队所有成员为之努力的愿景。所以,测试愿景这个环节是共启愿景中必不可少的环节。

4. 确立：制定上下一致的共同愿景

著名经济学家毛忠强曾说："现代企业管理的重大责任，就在于谋求企业目标与个人目标两者的一致。两者越一致，管理效果就越好。"团队愿景与个人愿景也是如此，团队愿景与个人愿景越一致，管理效果就越好。所以，在员工对初步共同愿景进行讨论并发表自己的看法后，下一步要做的就是确立愿景，制定上下一致的共同愿景。

（1）分析并筛选员工对初步共同愿景的看法

我们鼓励员工对初步的共同愿景发表看法，但并不意味着每一位员工的看法都是利于团队发展的，我们必须无条件采纳。所以，在鼓励员工对初步共同愿景发表看法后，我们还需要对员工的看法进行分析并筛选，筛选出利于团队发展的看法。

分析并筛选员工对初步共同愿景的看法时，可以提出以下两个问题。

第一，员工的看法是否有利于团队的发展？

衡量员工的看法是否正确的首要标准是员工的看法是否有利于团队的发展。即便员工提出了十分有创意的看法，但是该看法不利于团队的发展，那么这样的看法也是不可取的。

某汽车公司初步共同愿景是"使每个人都拥有一辆汽车"。某员工对此发表的看法是："不可能，我们顶多让有钱的人拥有一辆汽车，我们不可能做到让每一个人都拥有一辆汽车。"

员工的看法没有错，但是这个看法缺少远见。让有钱人有一辆汽车并非一件困难的事情，因为有钱人有买车的经济实力，这是当下就可以看到的结果。但是要让每一个人都拥有一辆汽车并不容易，需要汽车公司不断优化技术、节约成本、降低价格……当每个人都能拥有一辆汽车的时候，公司的价值才能体现，也才能赚取更多的利润。所以，员工短浅的见识不利于团队的发展，那么这种看法就不值得采纳。

员工的看法没有对错之分，但存在是否利于团队发展之分。因此，在对员工的看法进行分析和筛选时，一定要明确员工的看法对团队的整体和未来发展是否有利。

第二，员工的看法是否可以实践并实现？

员工的看法对团队的发展有利并不等于员工的看法可以实践并实现。只有目标具备实现的可能性,团队的共同愿景才有望达成。

某汽车公司初步的共同愿景是"使每个人都拥有一辆汽车"。某员工对此发表的看法是:"我们的愿景应该更宏伟一点,让每个人都拥有一辆价值100万元的汽车。"

愿景更宏伟一些看似正确,但是每个人的收入水平、对汽车的喜好和消费理念不同,决定了每个人拥有汽车的价值也不同,可见,"让每个人都拥有一辆价值100万元的车"是一件偏离现实的事情,显然是无法实践,更难以实现的。

所以,在分析和筛选员工对初步共同愿景的看法时,要仔细、认真分析员工提出的看法能否实践并实现,如果不能则不予采纳。

分析并筛选员工对初步共同愿景的看法,其实就是在"取其精华,去其糟粕",把对团队发展有利的看法提取出来,去除对团队发展不利或根本无法实现的看法。

(2)形成统一的看法并确立共同愿景

在提取出对团队发展有利的看法后,管理者可以召集团队成员再一次进行讨论,最终形成一致意见并确立共同愿景。

例如,团队的初步愿景是"希望团队生产的汽车能够卖给更多的人"。围绕这个初步愿景,员工发表的看法为:

"要提升技术,节约成本"

"价格应当降低"

⋯⋯⋯⋯⋯

"节约成本""降低价格"的最终目的都是为了让更多的人消费得起汽车。所以,我们可以将员工的看法统一为"让更多的人买得起汽车"。这样的愿景有可能指向消费者,消费者经济水平提升了,自然能买得起汽车。但是,团队愿景应当指向团队的每一个成员,让愿景成为每个人的梦想,因此我们应当对这句话进行更精准、明确的描述——"使每个人都拥有汽车"。其中"每个人"指的是所有人,目标受众十分明确,"拥有汽车"表明大家都买得起,团队发展方向清晰。

共同愿景的实现是团队愿景和个人愿景的具象化,是团队和个人的共赢。所以,确立共同愿景的时候要制定上下一致的共同愿景,这样才能实现"上下同欲者胜"。

💡 **Tips**
> 上下一致的共同愿景才是团队的愿景,否则只是管理者的个人梦想。

5. 告知:将共同愿景正式告知员工

一些团队在确立共同愿景后便草草收场,这样会导致以下两个问题出现。

第一，一些员工并不知晓团队的共同愿景是什么。虽然团队成员对共同愿景都发表了自己的看法，最终也形成了统一的共同愿景，但是这并不能确保每一个人都清楚知道团队的共同愿景。有些员工很可能分了神，并不明白团队的共同愿景是什么。

第二，仅口头的讨论不够正式和严谨，不具有权威性。如果只是在简单地讨论确立共同愿景后就草草收场，很可能让员工认为团队的共同愿景只是随口说说而已，至于能不能实现并不重要，进而也不会主动作为。

所以，在确立共同愿景后，管理者还需要将共同愿景正式告诉团队所有成员。将团队的共同愿景正式告知员工，一方面可以确保团队所有成员都清楚团队的共同愿景是什么，让他们可以朝着共同的方向前进；另一方面会赋予共同愿景官方的、权威的、使命式的色彩，更能激励员工努力去实现团队的共同愿景。

（1）召开愿景大会

将共同愿景告知员工的最正式方式莫过于召开愿景大会。召开愿景大会不同于简单会议，需要更正式、更严谨才能引起员工的重视，点燃员工的热情，鼓励员工为实现共同愿景而奋斗。

召开愿景大会应当注意以下几点。

第一，确定主题。鲜明的主题能让员工明确开会的目的。愿景大会的主题可以是共同愿景，如"让天下没有难做的生意"，也可以围绕愿景落实拟一个具有影响力、号召力、激励人心的主题，如"共绘愿景，分享未来"。

第二，团队管理者发表讲话。团队管理者要围绕团队的共同愿景展开论述，内容大致包括团队愿景是什么、为什么制定这样的愿景、实现愿景的优势是什么、存在哪些劣势等。此外，团队管理者还要表达自己将采取哪些方法和措施带领团队实现愿景，并且要表明自己对实现团队愿景的决心。

第三，鼓励员工表决心并宣誓。共同愿景能否实现的关键在全体员工。因此，在愿景大会上，管理者应当鼓励员工表决心并宣誓，以激发团队成员的热情和动力，让他们以满腔热情投入到共同愿景的实现中。

（2）发送内部邮件

除了召开愿景会议，发送邮件也是一种比较正式的告知员工共同愿景的方式。内部邮件是指属于团队内部的邮件，团队的成员都可以看到邮件内容。

某公司的共同愿景是"用户为本、科技向善"。在确立了共同愿景后，管理者便向全体成员发布内部邮件。邮件内容为：

××月××日

××公司正式公布公司的愿景

用户为本,科技向善

一切以用户价值为依归

将社会责任融入产品与服务之中

推动科技创新与文化传承

助力各行各业升级

促进社会的可持续发展

这种内部邮件也能让员工感受到共同愿景的正式性、严谨性,进而会认真对待并执行这件事。当然,要提醒管理者注意的是,邮件的内容一定要简洁明了,用语要规范,这样才能让邮件显得更为正式。

(3)下达正式文件

将共同愿景的相关内容制成文件并发布正式的通知,也是将共同愿景正式告知员工的一种方法。

例如,《关于团队共同愿景文件下发的通知》内容如下。

各位员工:

为了加强团队的凝聚力,激发团队的斗志,公司于××××年××月××日将团队的共同愿景文件下发到各位员工,希望大家认真学习共同愿景的内容,并在今后的工作中落实执行。

特此通知! 望执行!

××××

发布正式文件的通知可以张贴在办公室的公告栏上,也可以以邮件的形式发。关于共同愿景的文件可以以打印纸张的形式下发给员工,也可以以附件的形式邮件传输给员工。只要确保员工收到文件即可。

召开愿景大会、发送内部邮件、下达正式文件这 3 种方式可以单独使用,也可以结合使用。例如,召开愿景大会后,再将共同愿景发送内部邮件,或者下达正式文件。三者结合使用可以起到一个强调共同愿景的重要性以及加深员工对共同愿景印象的作用。当然,具体采取什么样的方式正式告知员工可以根据具体情况而定。

⛯ Tips

告知愿景的方式要直接、清晰和一致,确保团队成员完全知晓团队的共同愿景。

6. 营销：将共同愿景推至员工的心中

员工知道团队的共同愿景是什么并不等于他们一定会为实现共同愿景全心奉献。让员工努力为实现共同愿景而共同努力的前提是员工内心认可共同愿景，所以，管理者将共同愿景告知员工后，还应当确保将共同愿景推至并根植于员工心中。可以从两个层面进行：一是管理者层面，二是员工层面。

（1）管理者层面：以身作则，做共同愿景的践行者

团队管理者是团队价值观的塑造者，员工会无意识地模仿管理者的行为。所以，要想让团队所有成员认同共同愿景并践行，管理者先要以身作则，成为共同愿景的践行者。当管理者自己做到了，才能要求员工为实现共同愿景不断付出努力。

制定实现共同愿景的计划。管理者将共同愿景告知员工后，下一步要做的是为实现共同愿景制定计划。制定计划的时候可以召集团队成员一起讨论，这样一方面可以制定出大家都认可、切实可行的计划，另一方面也是在告诉员工"我已经开始积极践行共同愿景"，以便激励员工积极行动起来。

鼓励员工行动起来，愿景要得以实现就必须行动起来。所以，管理者告知员工共同愿景后，还应当鼓励员工尽快行动起来。

例如，"我们的共同愿景是××，我们应当立即行动起来，为实现共同愿景全心奉献。共同愿景达成了，我们个人的愿景才能达成，我们才能达到自己想要的未来。"

管理者是团队的"领头羊"，也是将共同愿景推至员工心中的最佳"营销者"。当管理者认同愿景并为之行动起来时，员工的行为也会受到影响，会跟随管理者一起行动，以形成落实的默契。

（2）员工层面：宣传愿景，做共同愿景的推广者

共同愿景不是管理者个人的梦想，只有确保团队全体成员内心认同并积极为实现愿景付出，共同愿景才有可能实现。所以，管理者还要做共同愿景的推广者，将共同愿景推及团队每一位成员的头脑中。

把握一切机会宣传共同愿景。管理者作为共同愿景的推广者，要把握一切机会不断地宣传共同愿景，让共同愿景能够深入团队灵魂。例如，在团队召开会议的时候，或者跟员工进行面谈的时候经常说，能让员工在耳濡目染中铭记团队的共同愿景。

举办一些有助于共同愿景推广和落地的团队活动。例如，团队培训。在培训的过程中可以设计一些跟共同愿景相关的部分，或者设计一些相关游戏，让员工能够在

学习和游戏中强化共同愿景,切切实实地感受共同愿景的魅力和价值。这样他们也可以更明确地知道自己为什么要为共同愿景努力,进而才会更加积极地行动起来。

制定一套简洁易懂的共同愿景手册。管理者可以将共同愿景制作成一套易于传播的手册,团队每个成员一份,并要求员工要熟读手册。然后可以定期检查手册的内容,看看共同愿景是否深入人心。例如,每月例会的时候,可以设定一个关于共同愿景的环节。这个环节可以是针对共同愿景手册的内容进行提问,并围绕愿景实现的进度进行讨论。这样的提问和讨论有助于进一步加深团队成员的共识,并且还能让团队成员认识到团队还应当做什么,改进什么,才能离实现共同愿景更近。

制定愿景海报张贴在办公室的墙上。将共同愿景张贴出来也是一种比较简单、直接的方法。所以,管理者可以制作一张愿景海报并张贴在办公室的墙上或者办公室的公告栏。当然,也可以让员工将团队愿景的核心关键词打印出来,贴在办公桌上,或者电脑上,这样也可不断加深认同。

赞美那些积极践行共同愿景的员工。对于那些积极践行共同愿景的员工,管理者应当在公开场合赞美他们。这种做,一方面可以鼓励员工为实现共同愿景继续努力,另一方面可以为其他员工树立一个榜样,让其他人向这名员工学习,积极践行团队的共同愿景。

当团队愿景深入人心的时候,他们便会时刻思考"如何才能更高效地实现共同愿景"。当他们带着这个问题去工作的时候,他们的方向就会更明确,效率也会更高。在这样的状态下,团队才更加有望实现共同愿景。

> 💡 **Tips**
>
> 将共同愿景内化于员工心中,让他们认同愿景并为实现愿景而奋斗。

7. 分解:对共同愿景进行阶段分解

很多团队绩效不高,并不是因为他们的愿景太遥远无法实现,而是因为他们没有对长远的共同愿景进行阶段分解,没有制定阶段性的共同愿景。

何谓阶段性的共同愿景?阶段性的共同愿景是指将团队的共同愿景进行细化、量化,使其具有可操作性,以唤起员工的工作热情和积极性,促使他们有计划地实现共同愿景,让团队更具活力,进而创造出更高的绩效。

　　某公司的管理者根据公司的共同愿景及市场环境的变化,制定了三个阶段性的五年愿景。

　　第一个五年愿景:从××××年—××××年,完成 20 亿元的营业额。

　　第二个五年愿景:将 6 天工作制度改成 5 天工作制度,营业额及员工工作不变。

　　第三个五年愿景:员工的经营绩效及工资水平领先欧洲各国同行。

　　该公司的管理者表示,必须随时随地都有"但愿公司达成某种目标的理想"。有了宏观的理想,然后依据理想阶段地拟出目标,企业就能保持发展活力。否则,企业最终只能走向失败。

　　宏观的理想就是我们所说的愿景,只有团队保持达成共同愿景的理想并对之进行分解,制定阶段性愿景,团队才能走向成功。具体来说,对共同愿景进行阶段分解有以下两个优点。

　　第一,共同愿景不是短时间就能实现的,有可能需要几年,甚至几十年。时间越久,员工实现愿景的热情、动力越容易被磨灭,共同愿景便更加难以实现。如果对共同愿景进行阶段性分解效果则不同。阶段性愿景相对来说比较容易实现,当团队实现阶段性愿景后,他们便能感受到成功的喜悦。这种积极的情绪能够强化团队成员们继续努力的决心,能促使他们为实现下一个阶段性愿景继续努力,直至最终实现共同愿景。

　　第二,共同愿景的确可以为员工指明前进的方向,然而实现共同愿景是一个漫长的过程。在这个过程中,团队成员很可能因为某些原因迷失方向。如果对共同愿景进行阶段性分解,团队成员就能清楚知道某个阶段的愿景是什么,然后一步一个脚印朝着共同愿景走去。这样就不容易迷失方向。

　　综上两点来看,为了更高效地实现共同愿景,对共同愿景进行阶段分解是非常必要的。在实际的团队工作中,能够激励全体员工为之奋斗的愿景大都结构复杂,分解的时候一定要掌握一定的方法。

　　对共同愿景进行阶段分解一般可以采取三种方法:横向分解法、纵向分解法和时序分解法。

　　(1)横向分解法

　　横向分解法适用于组织结构比较大的企业,如一个企业中有若干个部门。横向分解法是指愿景的横向分解,企业的各个部门都要根据共同愿景来设定自己的部门愿景,如图 2-3 所示。

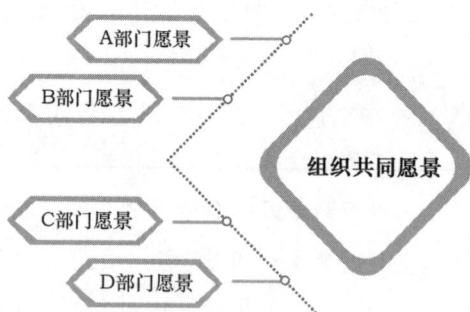

图 2-3　横向分解法

对愿景进行横向分解,首先要找到共同愿景的核心,找到共同愿景的支撑点,也就是影响共同愿景实现的关键因素,例如企业的综合实力。然后可以自上而下系统地梳理共同愿景,梳理出实现共同愿景的路径、条件以及需要的资源。同时,还要找出各个部门存在的不足,并找到克服这些不足的方法和措施。

对共同愿景进行横向分解要全面、客观、科学、周密,要尽可能找到影响共同愿景实现的各个要素之间的联系,对这些要素进行整理并按照重要性进行排序。排序后,可以根据相关部门的特点,确定愿景达到部门所占权重比例。例如,市场部五年内要完成 10 亿元的销售额。

(2)纵向分解法

纵向分解法是指将共同愿景一级一级地分解,从组织愿景到团队愿景再到个人愿景,从上往下一层层地展开,直到共同愿景与个人愿景产生关联,成为一个紧密的链条,如图 2-4 所示。

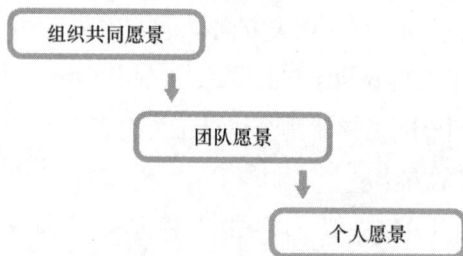

图 2-4　纵向分解法

在对团队愿景进行纵向分解的过程中,管理者要根据团队各个成员的特点,找到与愿景相对应的点,然后按照一定的权重进行愿景分配。同时,管理者要注意的是,纵向分解愿景的时候一定要考虑到团队员工之间的协作,要让员工在实现个人愿景的同时能彼此协作。这样更利于共同愿景的实现。

可见，要想实现共同愿景，就得将组织、部门、个人愿景有效统一起来，形成左右相通、上下相连的有机整体。

（3）时序分解法

对共同愿景进行阶段分解还有一个比较简单、直接的方法——时序分解法。时序分解法是指制定出愿景的实施进度，以便于实施中的检查和控制。这种分解形式形成了愿景的时间体系。例如，在前面内容中提到的某企业的三个五年的阶段性愿景，采取的就是时序分解法。

实践中，无论采取哪种方法对共同愿景进行阶段分解，都要确保各个愿景在内容和时间上的协调、平衡并同步发展，不影响共同愿景的实现。

> ☀ **Tips**
>
> 对愿景进行阶段性分解，确保每个人在每个阶段都有明确的愿景目标，进而助力团队达成最终的共同愿景。

8. 监督：激励与惩罚

愿景得以实现的关键是愿景分解后是否能得以落地实施。所以，团队管理者在对共同愿景进行阶段分解后，还应当监督愿景的实施进程，激励员工行动起来，让愿景得以落地实施。

激励员工行动起来，让愿景得以落地实施的方法主要有两个：激励与惩罚。

（1）激励

激励员工为共同愿景积极行动起来的方式主要有两种：物质激励和情感激励。

第一种：物质激励。

物质激励是指对实现共同愿景采取积极行动并在工作上取得一定业绩的员工给予一定的物质奖励，激励他们继续为共同愿景努力奋斗。物质激励的方式一般有以下两种。

第一，奖金。当团队或员工个人实现某个阶段的愿景后，管理者可以设定一定额度的现金奖励。

例如，团队完成了某个阶段的愿景，管理者可以奖励团队 20 000 元。然后，按照员工的工作性质和付出，合理分配奖金。如果团队没有实现阶段性的愿景，但是部分员工很好地完成了任务，那么也应当根据员工的工作性质和付出，给予员工一定的奖金。

第二,晋升。晋升也是激励员工为共同愿景努力奋斗的有效方式。当员工知道帮助团队实现共同愿景便能获得晋升的时候,他们自然愿意为之付出更多努力。所以,当员工取得一定的成就且有一定的能力之后,管理者可以通过晋升的方式激励员工。

第二种:情感激励。

新生代员工在物质方面的需求逐渐减弱,他们越来越追求情感层面的东西。很多时候,比起奖金、晋升,他们更在乎管理者平时对他们的态度。所以,为了激励员工为共同愿景努力付出,管理者还应当学会用情感激励员工。

情感激励主要分为两种:语言激励和行为激励。

第一,语言激励,是指用温和、尊重、肯定的口吻跟员工沟通,鼓励员工为共同愿景努力。

例如:

"非常感谢你为实现团队的共同愿景所做的一切。"

"我非常欣赏你,这次工作任务你完成得很棒。"

"好好干,你一定可以实现个人愿景。"

"希望我们可以共同进步,携手实现团队的共同愿景。"

管理者这种温和、尊重、肯定的口吻,会让员工感受到管理者的真诚和肯定,进而会更加愿意为团队的共同愿景付出更多的努力。

第二,行为激励,是指用实际行动激励员工,让员工能更加积极地投入共同愿景的实现中。例如,在员工遇到困难的时候为员工提供资源和帮助。

物质激励和情感激励可以相结合,对员工的激励效果会更好。当然,具体如何激励员工,要根据员工个人的需求来定。所以,管理者平时要多跟员工沟通,了解员工的需求,便于"对症下药",用更恰当的方式激励员工。

(2)惩罚

有奖励就要有惩罚,奖励是为了激励员工的正确行为,惩罚是为了规范、改进员工的错误行为,两者的目的都是为了激励员工朝着共同愿景奋进。

惩罚主要有两种形式:经济处罚和常规处罚。

经济处罚是指当团队没有实现阶段愿景或员工个人愿景没有实现的时候,对员工采取罚款、扣工资或扣绩效奖金的处罚方式。一般来说,不建议采取这种方式,因为这种方式很容易引发员工的抵触心理,导致他们出现"破罐子破摔"、不愿意改进的行为。如果要采取这种方式,一定要控制处罚的额度,额度不宜过大。具体的处罚额度要根据员工的薪酬和绩效奖金的额度来定。

常规处罚是指警告、记过、降薪、降级、辞退或开除。大多数情况下,这种处罚方式比经济处罚的强度要稍弱一些,员工更容易接受一些。但是,采取这种处罚方式的时候也要谨慎,不能因为员工一点小过错就降薪、降级,这样显然会令员工对团队失去信心,不愿意为团队的共同愿景奋斗。

其实除了以上两种比较传统、正式的惩罚方式,我们还可以采取一些有趣的、轻松的处罚方式,让员工能够更容易接受处罚并深刻认识自己的错误。例如,员工因为某个问题导致团队某个阶段的愿景没有实现,那么可以处罚员工为团队其他成员带一个星期的早饭,或者让员工帮助团队其他成员打印文件,处理一些琐碎的小事。

激励和处罚也应当结合使用,这样才能更全面地激励员工实现共同愿景。奖励和处罚结合使用的时候应当遵循以下几个原则。

第一,奖惩分明。有功必有奖,有过必有罚,执行奖惩一定要公正。

第二,奖惩适当。执行奖惩的时候,一定要做到功奖相称,处罚相当。

第三,注重时效。激励和处罚都必须及时有效,过了时效,激励和惩罚的效果就会大打折扣。所以,在员工实现阶段愿景的时候或犯错的时候,最好在一周内执行激励或处罚。

无论是激励还是处罚,管理者都应当清楚地知道,二者最终目的都是为了让员工清楚自己应该做什么,不应该做什么,如何才能实现共同愿景并持续努力。

⚙️ **Tips**
有效的激励和处罚能够促进愿景达成。

9. 工具:深度汇谈

构建团队的共同愿景其实就是让团队成员展开交流,发表各自的观点和看法,然后再形成一个统一看法的过程。如何才能让员工有效地展开交流,发表出对团队发展有利的看法? 我们可以使用"深度汇谈"。

著名物理学家戴维·伯姆(David Josepn Bohm)在他的《论对话》一书中提出"深度汇谈"的概念。深度汇谈是一个团体的所有成员,摊出心中的假设,而进入真正一起思考的能力,让想法自由交流,以发现较个人更深入的见解。深度汇谈并不是去分析、剖解事物,也不是去赢得争论,而是一种集体参与和分享。团队在讨论共同愿景的时候,要的正是集体的参与和分享,而不是赢得争论,所以可以采取深度汇谈这种方式。

深度汇谈大致可以分为三个步骤：悬挂假设、反思与探询、技巧性讨论。

第一步：悬挂假设。

悬挂假设是指团队中所有的成员都必须将他们的假设"悬挂"在众人的面前。意思是，把自己对团队共同愿景的想法和看法表达出来，以便不断地接受询问与观察。这样做并不是指发表想法和看法是一件坏事，或者让员工消除自己的主观意识，而是为了更好地检验员工的假设。

如果员工一味地为自己的想法和看法辩护而未觉察到自己的假设存在偏差，或者未觉察出自己的看法是以假设而非事实为依据，那么就无从悬挂自己的假设。悬挂假设可以让团队其他成员更加清楚地看见自己的假设，因此可以将自己的假设跟别人的假设进行对照，从中看出不同人的思维方式和看问题的角度，进而讨论出更适合团队发展的共同愿景。

悬挂假设最忌讳的事情是员工坚持"这件事就是这样的""这件事必须是这样的"，一旦员工存在类似的想法，那么深度汇谈就会被阻断。因此，在进行深度汇谈时，要让员工明白自己的想法只是一个假设，在表达自己的想法之前，必须把这个假设悬挂起来。

第二步：反思与探询。

在团队员工将假设悬挂于团队成员面前后，接下来要做的事情就是反思与探询。反思与探询的技巧是深度汇谈的基础。因为很多时候我们思维是跳跃的，常常因为看到一些片段，或者一些零散的信息，就给事物下定义。这种定义是片面的，不能说明我们的想法一定利于团队的发展。所以，我们才需要反思与探询，去检视自己的想法。

反思是指员工要对自己所做出的假设进行反思。例如，员工的观点是"节约生产成本"。关于这一观点员工应当提问自己：

"为什么我会做出这样的结论？"

"生产成本决定了市场价格，市场价格决定了销售量。"

…………

只有这样不断去反思，我们才能避免把自己的主观想法当成既定的事实，避免做出对团队发展不利的判断。

探询则是团队成员之间的互动。在这一阶段，团队成员要互相了解彼此的想法，包括想法是如何产生的以及产生想法的原始依据。在互相探询的时候也要掌握一定的技巧，否则容易引发矛盾。例如，在探询的时候可以用温和的语气询问对方"你可以说明你的观点吗""是什么让你产生了这样的想法"，这样一些简单的提问更利于促进双方的交流，让彼此探询出一个更适合团队发展的想法。

第三步：技巧性讨论。

团队进行深度汇谈的最终目的是制定上下一致的共同愿景，作出最终决定的时候还需要团队员工进行讨论。这时团队成员免不了会为自己辩护。这个时候的辩护是允许的，但是这时候辩护的目的不是赢得争论，而是谈论出最适合团队发展的共同愿景。因此，讨论的时候应当掌握一定的技巧。

使用平和的语气。团队成员在讨论时，要使用平和的语气，这样能够有效避免因语气问题产生争论，让辩护成了争吵。

明确辩护的目的。辩护的目的不是争论，而是为了选择出更适合团队发展的想法。当团队成员都明确这一点的时候，就能一定程度上避免矛盾。

我们掌握深度汇谈的步骤后，还应当掌握深度汇谈的方式。一般情况下，深度汇谈常用的方式是圆桌会议。圆桌会议是指围绕圆桌举行的会议。圆桌会议并没有主席位置，也没有随从位置，人人平等，是一种平等、对话的协商形式，参会者围圆桌而坐，或用方桌但仍然摆成圆形。

采取圆桌会议进行深度汇谈不仅可以有效地避免因席次产生的争议，还能够让员工感受到被尊重，进而更愿意表达自己的真实想法。

总的来说，深度汇谈能够帮我们深刻、全面地了解团队每一位成员的看法，进而可以通过讨论帮助我们选择或整合出一个更适合团队发展的共同愿景。因此，团队在构建共同愿景时可以利用这个工具。

第三章 卓越领导:发挥高效能团队领导力

团队发展的主要推动力来源于领导力。所以,团队管理者应当关注并掌握发挥高效能团队领导力的技巧和方法。

1. 领导力的五个层次

领导力是决定管理者行为的内在力量,是实现团队目标,确保领导过程顺利进行的动力。不同的管理者因为受教育程度、管理经验、认知水平等的不同,其领导力水平也会存在差异。通常来说,领导力可以分为如图 3-1 所示的五个层次。

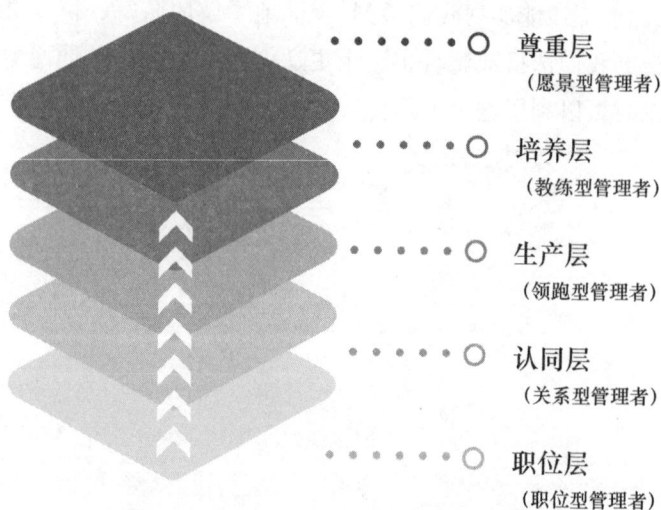

尊重层
(愿景型管理者)

培养层
(教练型管理者)

生产层
(领跑型管理者)

认同层
(关系型管理者)

职位层
(职位型管理者)

图 3-1 领导力的五个层次

(1)领导力的第一个层次:职位层

处于职位层的管理者称为"职位型管理者",其特点是员工追随你是因为他们必须听你的。

职位层是领导力的初级层次,也是领导力的入门,处于这一层次的管理者大都是因为职位上的权力而对员工产生威慑力。

职位型管理者的优缺点,如图 3-2 所示。

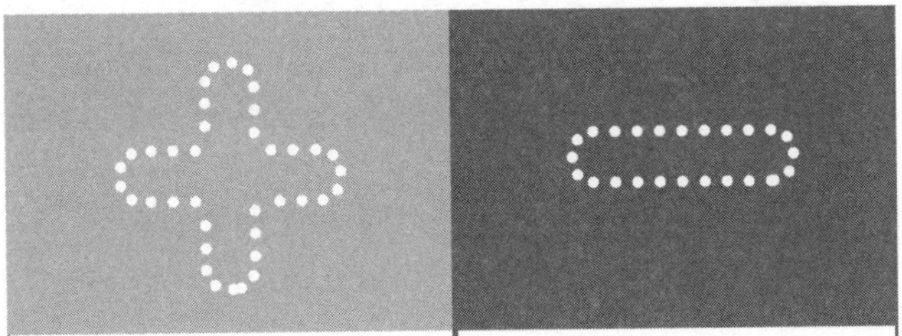

职位型管理者的优点	职位型管理者的缺点
领导职位被赋予某人往往是因为这个人具有领导潜质	将权力置于责任之上,容易失去下属的信任和拥护
领导职位可以促进管理者成长	依靠职位上的权力管理员工容易让下属误会没有能力

图 3-2 职位型管理者的优缺点

职位型管理者在工作中常常会说:

"我是管理者,我说什么你就做什么。"

"你来这里就是为我工作。"

"你必须给我做好。"

"你的未来掌握在我的手中。"

在职位层,员工并不会真正地信任管理者,只是碍于上下级关系或管理者职位上的权力,而不得不听命于管理者。他们的工作态度是,只做应该做的"分内事",很少会付出额外的时间和精力。

仅仅能做到这一层级的管理者或许可以成为不错的老板,但是很难成为真正意义上的团队领袖。

(2)领导力的第二个层次:认同层

认同层的管理者称为"关系型管理者",其特点是员工追随你是因为他们愿意听你的。

关系型管理者的优缺点,如图 3-3 所示。

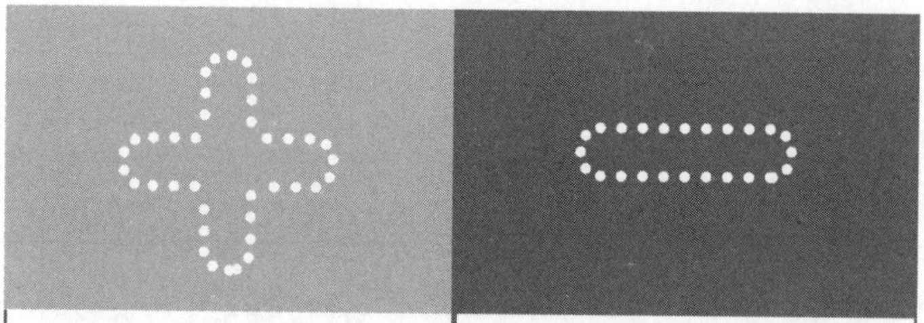

关系型管理者的优点	关系型管理者的缺点
让员工更加愉快地工作	容易让员工误解管理者很软弱
增强与员工之间的信任关系	过于信任员工，容易被员工利用
促进与员工之间的沟通	把过多的时间和精力投入到与员工的沟通中，可能会降低工作效率

图 3-3　关系型管理者的优缺点

　　关系型管理者认同员工付出的努力和取得的成绩，并且会在工作中表达对员工的信任、支持、关心和包容。当员工感受到被真诚对待后，他们便会更加信任管理者并真心实意追随。这种追随不是因为管理者的职位，而是对管理者发自内心的认同。

　　（3）领导力的第三个层次：生产层

　　生产层的特点是：员工追随你是因为你对团队做出的贡献。

　　生产层的管理者也叫"领跑型管理者"，其中的"生产"是指管理者带领团队不断地解决问题与创造财富的活动。

　　领跑型管理者的优缺点，如图 3-4 所示。

　　生产层是领导力真正起飞的地方。优秀的管理者都能产出令人惊喜的结果，而且不仅他们个人能产出结果，他们还能带领团队产出结果。

　　（4）领导力的第四个层次：培养层

　　培养层的特点是：员工追随你是因为你对他们的付出。

　　培养层的管理者称为"教练型管理者"，处于这一层的管理者优缺点，如图 3-5 所示。

　　教练型管理者会投入时间、精力和金钱培养员工，并会采取一定的措施激发员工的潜能，进而帮助他们取得成果。这个时候，员工听你的不只是因为你是领导，还因为你是导师，是他们成长路上的教练。

领跑型管理者的优点	领跑型管理者的缺点
能生产结果的管理者具有一定的公信力	过于在乎结果,容易回到领导力的第一层
能够帮助团队解决实际问题	只追求结果不在乎工作过程,容易打击员工的自信心和动力
可以带领团队创造更高的绩效	

图 3-4　领跑型管理者的优缺点

教练型管理者的优点	教练型管理者的缺点
能够确保团队可持续发展	缺乏安全感的管理者会将员工的成长视为威胁
可以实现团队业绩的爆炸性倍增	过于为团队奉献会让管理者忽略自身的成长

图 3-5　教练型管理者的优缺点

(5)领导力的第五个层次:尊重层

尊重层的特点是:员工追随你是因为你是谁,以及你所代表的东西。

尊重层的管理者称为"愿景型管理者",处于这一层的管理者的优缺点,如图3-6所示。

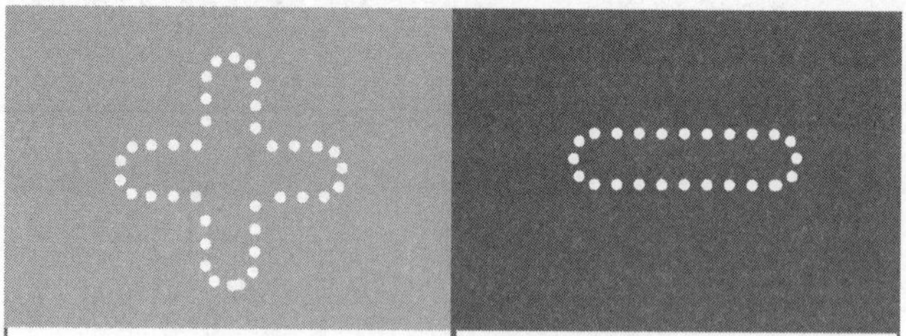

愿景型管理者的优点	愿景型管理者的缺点
能够创造出顶级的团队	容易止步不前
	容易盲目自信,迷失自己

图3-6　愿景型管理者的优缺点

愿景型管理者在工作中常常会对员工说:

"让我们一起为这项工作努力。"

"我会为你提供帮助。"

"我坚信你能做好。"

"我会帮助你增加个人价值。"

"我们一起为团队的共同愿景努力。"

…………

处于这一层次的管理者十分受员工的尊重,影响力超越了同行业或同时代的管理者。换句话说,他们已经形成了一定的人格魅力,员工跟随他正是因为这种独有的魅力。

从领导力的五个层次的定义可以看出,领导力并不是一个名词,而是一个动词(入门—开始—活动—壮大—超越),是一个动态的过程。团队管理者可以对照以上五个层次看看自己当前所处的层次。无论处于哪个层次,管理者都应当不断地提升自己的能力,向更高层次迈进。领导力层次越高,越能带领团队创造高绩效,实现团队的共同愿景。

🔅 **Tips**

管理者应明确自己处于哪个层次,然后做出针对性的改变,使得自己可以往更高层次迈进。

2. 高效能管理者的四个角色

团队成员是多样性的,团队工作是变动性的,团队发展是阶段性的,团队的这些特征决定了一个团队的管理者要善于在不同的情况下扮演不同的角色。一般来说,高效能管理者应当在团队管理中扮演四个角色,如图 3-7 所示。

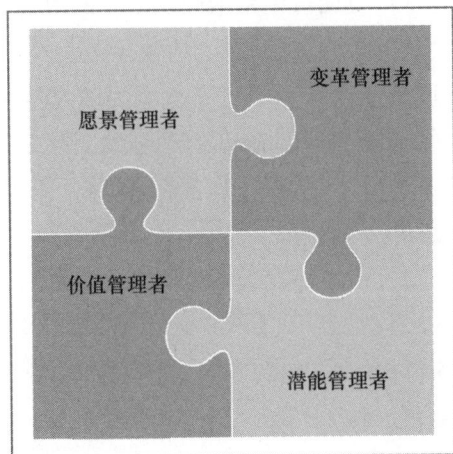

图 3-7　高效能管理者的四个角色

（1）愿景管理者

在第二章中我们重点提到了团队的共同愿景,共同愿景得以实现的关键之一是团队管理者懂得在管理工作中扮演愿景管理者的角色,能够向团队传递愿景并带领员工实现愿景。

在扮演愿景管理者时,管理者应当做到以下三点。

第一,具备战略思维。战略思维是指管理者对关于团队发展的全局的、长远的重大问题谋划的思维过程。只有具有战略思维,管理者才能更好地聚焦未来,把握未来的发展趋势,进而带领团队实现愿景。

第二,有效沟通。实现团队愿景的过程是一个既艰辛又漫长的过程,在这个过程中,员工难免会遇到挫折,甚至会因此放弃愿景。愿景型管理者此时应当跟员工进行有效沟通,了解员工的问题和需求并帮助员工解决问题,满足需求。

第三,知行合一。作为愿景管理者,不仅要向员工传递愿景,还应当带领团队行动起来,让团队愿景快速、高效得以实现。

（2）变革管理者

在 VUCA 时代，管理者要能够灵活地应对时代带来的各种挑战，为实现愿景主动进行变革。所以，VUCA 时代，团队的管理者还应当扮演变革管理者的角色。

在扮演变革管理者时，管理者应当做到以下三点。

第一，变革管理。变革管理是指管理者要采取一些措施推动团队变革。例如，工作流程优化、团队结构优化等。在实行变革管理的时候，管理者要走在团队的前面，成为团队的中流砥柱。这样一方面可以带给团队稳定的力量，让员工有信心变革；另一方面则可以借着改变现状的机会，提升自己的领导力。

第二，文化建设。团队变革意味着团队文化也要随之变革，因此，在团队实行变革的时候，管理者应当根据变革的具体情况，打造新的团队文化。

第三，追求创新。变革本身不是目的，其目的是创新，让团队能更快、更好地适应新时代发展，能够获得更多的发展机遇。所以，作为团队的变革管理者，还应当鼓励团队成员追求创新。

（3）潜能管理者

只有团队成员的潜能得到激发，团队共同愿景才有可能实现。所以，团队的管理者还要做团队的潜能管理者。

在扮演潜能管理者时，管理者应当做到以下五点。

第一，解决问题。潜能管理者首先应帮助团队成员解决问题，只有问题解决了，员工的潜能才能被激发。

第二，持续改进。对于能力不强的员工，管理者要帮助员工找到提升能力的办法。对于能力很强的员工，管理者要帮助员工找到继续保持能力的办法。总而言之，不论员工的能力强弱，管理者都要帮助员工持续改进。

第三，结果导向。管理者要关注员工工作的过程，更要关注结果。当管理者关注员工的工作成果的时候，员工才能更加努力、创造结果。

第四，信任员工。信任员工也是激发员工潜能的关键。所以，潜能管理者要相信员工有能力完成工作任务。例如，"加油，我相信你有能力把这件事做好"。

第五，有效授权。当员工被授予一定的权力去处置工作时，他们便会积极地发挥自己创造的潜能，不让管理者失望。

（4）价值管理者

团队管理者最大的职责就是领导部署和创造价值。员工也总是愿意追随能够为团队创造价值的管理者。所以，团队管理者还应当扮演价值管理者的角色。

在扮演价值管理者时，管理者应当做到以下四点。

第一，团队建设。团队建设是指为了实现团队绩效目标及产出的最大化，从而进行的一系列结构设计及人员激励等团队优化行为。好的团队建设是创造高绩效的基础，所以管理者应当做好团队建设。

第二，有效倾听。管理者要想带领员工创造价值，就要了解员工的优劣势以及发展诉求。因此，在与员工沟通时要进行有效倾听。

第三，教练领导。教练领导是指能够发现员工的优点，让员工知道自己应当如何去做的领导方式。这种领导方式有助于激发员工的潜能，帮助员工创造价值。

第四，自我管理。为团队创造价值的前提是领导具备这方面的能力。所以，价值管理者还应当学会自我管理，能够对自己的目标、思想、心理、行为等表现进行管理，实现自我激励、自我约束，最终发挥自身的价值并帮助团队创造价值。

成功的管理者往往不是本能地展现自己的领导力，而是会根据团队发展的需求，扮演好愿景管理者、变革管理者、潜能管理者和价值管理者这四个角色，以全面激发员工潜能，帮助团队创造价值。

> 💡 **Tips**
>
> 管理者应当在团队管理中扮演四个角色，全面激发员工潜能，帮助团队创造价值。

3. 高效能领导力的基石：信誉

管理者的信誉是指管理者的信用和诚实守信的声誉，它能够依附在管理者与员工之间，形成一种互相信任的关系。这种关系能够使员工更愿意与管理者交流，甚至能够激励员工为团队做出更大的贡献。

具体来说，管理者的信誉对团队的发展有以下几个作用。

第一，员工的执行力与管理者的信誉息息相关。在工作中我们不难发现，那些执行力强的员工往往是对管理者非常信任的员工。

第二，获得员工的支持和拥护。没有信誉的管理者在做任何决策的时候都比较难获得员工的支持。即便员工口头支持你，也不会采取积极行动响应你的决策。相反，信誉高的管理者更容易获得员工的支持。他们不仅会在口头上支持管理者做出的决策，还会用实际行动实现目标。

所以，高效能领导力的基石是信誉。那么，团队管理者应当如何建立自己的信誉呢？影响管理者信誉的有两个关键因素，一是管理者自身的能力，二是管理者的可信度。所以,管理者从这两个关键因素入手建立自己的信誉,如图 3-8 所示。

图 3-8　管理者的信誉

（1）提升并展示自己的能力

管理者的信誉很大程度上取决于自身的能力。当管理者能够帮助员工实现自我价值,能够带领团队创造高绩效的时候,管理者的信誉便会增强。所以,管理者可以通过提升并展示自己的能力增强自身信誉。

首先,提升自己的能力。管理者可以通过以下两种途径提升自己的能力。

第一,专业培训。管理者可以根据自身的需求,参加线下或线上的专业培训,如绩效管理培训。

第二,广泛阅读书籍。卓越的管理者会广泛阅读书籍,如心理学、财经、市场管理等方面的书籍,提升自己的综合能力。

其次,展示自己的能力。只有当员工亲眼见证并真实感受到管理者的能力,他们才会相信管理者有真才实干,管理者的信誉才能建立。管理者可以通过以下两种方式展示自己的能力。

第一,在会议上展示自己的能力。无论什么议题的会议,管理者都可以多做一点功课,深入阐述自己对议题的看法和建议。管理者阐述的内容越深刻、全面、具体,越能让团队成员感受到管理者的能力。

第二,在员工遇到问题的时候展示自己的能力。当员工遇到问题无法解决并寻求管理者帮助时,是管理者展示自己能力的最佳时期。所以,管理者应该珍惜并把握这样的机会。

当然,一个管理者的能力不仅体现在以上两个方面,更体现在每天的管理工作中。所以,管理者应该尽职尽责履行自己的职责,做好团队管理,让员工在日常工作中处处感受到管理者的能力。

（2）言行一致,建立自己的可信度

言行一致,建立自己的可信度是管理者建立信誉的关键。如果管理者言行不一致,那么即便管理者有过人的能力,也很难建立信誉。所以,在团队管理工作中,管理者应做到言出必行。

言行一致,即承诺员工的事情一定要做到。

例如,某销售部的管理者承诺团队成员说:"这个月如果能实现绩效翻倍的目标,我将奖励团队5 000元奖金,每个人可以根据自己贡献的绩效分得相应的奖金。"如果当月团队实现了业绩翻倍的目标,那么在当月的绩效考核结果出来后,管理者就要立即履行自己的承诺。

在执行承诺的过程中,管理者可能会遇到一些问题而导致无法及时履行自己的承诺。

例如,管理者承诺奖励员工,但是团队资金遇到问题,无法及时履行承诺。

这个时候,管理者不能当作没有承诺过,而是应当明确告知员工不能及时履行承诺的原因,并且要想办法补偿员工。

领导力的本质是管理一段关系,这段关系的好坏取决于管理者是否能建立信誉。所以,管理者要想提升自身的管理能力,就应当学会从自身能力和可信度两个方面建立自己的信誉。只有基石打牢了,领导力才能向更高层次迈进。

-🔊 **Tips** ────────────
　信誉是需要管理者用自身的能力和可信度赢得的!

4. 树立一致的团队理念和行动准则

团队理念和行动准则一致,团队成员才能凝聚在一起,健康、长久地走下去。因此,为团队树立一致的团队理念和行动准则也是领导力的一种体现。

(1)团队理念

团队理念是一个团队文化体系的内核,更是支撑团队发展的精神力量。

某团队的工作理念如下。

以客户为中心,视服务为生命。

团结一心,齐心协力谋发展。

稳定出发展,创新出财富。

自豪源于信赖,发展始于诚信。

以上这些理念概括地说就是大局意识、协作精神和服务精神的集中体现。所以,管理者在可以结合团队的性质、愿景,从服务精神、协作精神和大局意识三个方面进行分析、概括,树立一致的团队理念,如图3-9所示。

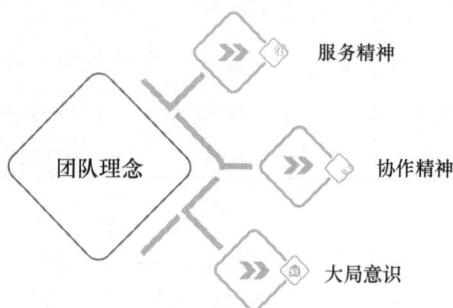

图 3-9　团队理念

服务精神：服务精神是指有为工作、团队、客户服务的思想意识和心理状态。例如,某团队的工作理念"以客户为中心,视服务为生命"体现的就是团队的服务精神。在这种思想意识和心理状态下,员工才能更好地服务客户,进而提升客户满意度,助力团队发展。

协作精神：协作精神是团队理念的核心。高绩效团队的成员一般都具有协作精神。例如,某团队的工作理念"团结一心,齐心协力谋发展"体现的就是团队的协作精神。这种协作精神能提高员工的向心力和凝聚力,进而可以保证团队高效运转。

大局意识：站得高才能看得远,所以高绩效团队的目光往往都比较长远,也就是我们常说的大局意识。例如,某团队的工作理念"稳定出发展,创新出财富"体现的就是团队的大局意识。在这种大局意识下,团队才能不断地变革、改进,进而可以借势而上,获得更多的发展机遇。

团队管理者可以组织员工围绕以上三点进行讨论,然后对团队成员发表的意见和看法进行讨论、总结,最终形成一致的团队理念。要注意的是,理念的一致性一定是磨合出来的,不是强迫出来的。

（2）一致的行动准则

团队理念是一个抽象的概念,这个抽象的概念要得以落实才有价值,否则也只是一句空口号。团队理念要得以落实,就需要有具体的行动准则。

例如,海尔集团有一条一致的行动准则:海尔在质量问题上是不能妥协的,谁砸海尔的牌子,我就砸他的饭碗儿。这条行为准则能够让员工明确产品质量是底线,因此会在工作中规范自己的行为,绝对不允许产品质量出现问题。

管理者在树立一致的行动准则时,可以参考图 3-10 的内容。

经常性的消极行为:这种行为不利于员工个人和团队的发展,是要避免的行为。

经常性的积极行为:这种行为有利于员工个人和团队的发展,是要鼓励的行为。

经常发生

行为频率

| 经常性的消极行为 | 经常性的积极行为 |
| 消极的行为规范 | 积极的行为规范 |

低
(有害的)

高
(有助的)

| 不常发生的消极行为 | 不常发生的积极行为 |
| 潜在消极行为规范 | 潜在积极行为规范 |

少有

促进团队效能

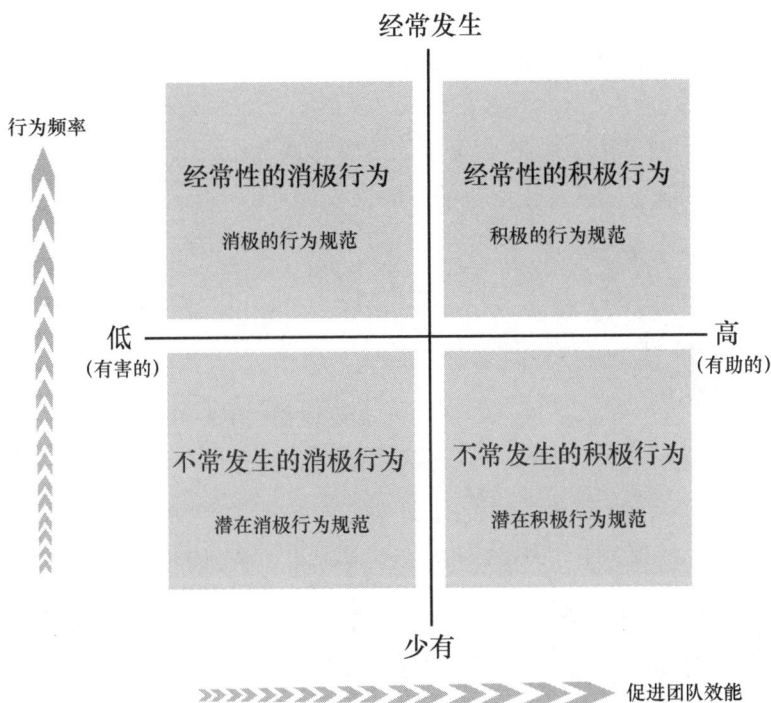

图 3-10 团队行动准则象限

不常发生的消极行为：这种行为属于潜在的消极行为，虽然对员工个人和团队的发展影响不大，但是很容易助长员工行为的不良风气。

不常发生的积极行为：这种行为属于潜在的积极行为，是需要鼓励员工继续保持的行为。

从图 3-10 中可以看出，能够产生高效能的团队行为是经常性的积极行为。所以管理者在树立团队的行动准则时，可以让团队成员自由发表意见和想法。然后从中选出可以经常发生的积极行为，并依次罗列出来，让员工围绕这些行为再次发表看法，最终形成一致的行动准则。

一致的行动准则可以帮助团队成员规范行为，引导团队朝着正确的方向前进，避免团队的管理陷入混乱。所以，管理者在为团队树立一致的理念后，还应当为团队树立一致的行动准则，让团队理念可以具象化，落实落地。

Tips

树立一致的团队理念是让员工形成思想层面的统一，而行动准则则是行动层面的统一。两者都统一了，团队才能朝着共同方向前进。

5. 洞见未来,为团队明确方向

有人曾做过一个调研,关于"最需要团队管理者做什么"这个问题,70% 以上的人的回答是:希望团队管理者指出明确的方向,如图 3-11 所示。

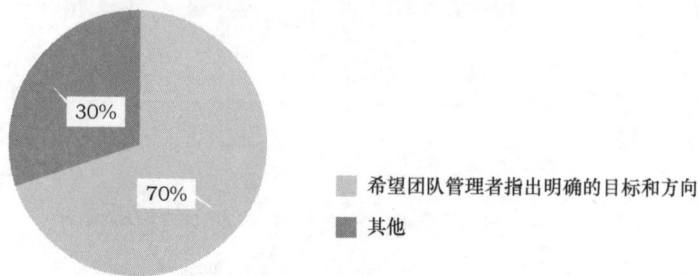

图 3-11 "最需要团队管理者做什么"的调研饼状图

什么样的管理者才能为团队指明方向?答案其实很简单,能够洞见未来的管理者。所以,卓越的管理者不只是会让团队成员知道当下应当做什么,还会为他们明确方向,告诉他们要到达美好的未来还需要做什么。

(1)洞见未来,把握趋势

带领团队取得高绩效的管理者都具有洞见未来、把握趋势的能力,并且能很好地统筹既有资源,以谋求未来发展。

2016 年 11 月,阿里巴巴的创始人马云在杭州云栖大会上提出"新零售"的概念。对于新零售,马云说:"未来没有电商,只有新零售。""新零售"概念提出后,在我国掀起了一股热潮,席卷线上线下。实体零售企业尝试"触网",接入美团、饿了么等外卖平台。一些线下传统零售企业,开始探索"线上",例如永辉超市联合京东布局 O2O、电商,宜家家居在上海"试水"电商。根据易观分析调研,2017—2019 年新零售行业增速强劲,年均复合增长率高达 115% ,预计 2022 年新零售市场规模有望突破 1.8 万亿元。

从"线上"和"线下"结合和取得的不俗成绩可以看出,马云成功洞见了未来。而且"线上""线下""物流""大数据"这些资源是既有的,不是凭空捏造的,马云所做的是利用既有资源谋划新的发展模式,进而帮助企业创造佳绩。卓越的管理者需要的正是这样的能力。

洞见未来,把握趋势要求管理者做到以下三点。

第一,掌握团队的基本情况。洞见未来、把握趋势的前提是掌握团队的基本情况。因此要求管理者要多去一线走动，多与员工交流，了解员工的想法。

第二，分析团队当前的形势。对团队的基本情况有一定的了解后，管理者还要对这些情况进行分析，找出团队的优势和劣势。团队的优势就是团队的既有资源，劣势是团队发展中存在的问题。团队要得以发展就要解决当前存在的问题，学会利用既有资源为未来发展创造价值。

第三，通过各种渠道获取市场信息，洞见未来。有效信息掌握得越多，越利于管理者对团队未来的发展趋势做出正确的预判。因此，管理者还要学会通过各种渠道获取市场信息，如专业网站、论坛或行业领袖的著作等。获取信息后，还要基于团队的基本情况和当前形势筛选信息，确保信息是有效的，利于团队未来的发展。

生活在 VUCA 时代的团队将面临各种不确定性，要想在这些不确性中把握机遇，团队管理者就必须有洞见未来、把握趋势的能力。

（2）为团队明确方向

愿景和未来是一个离当下比较遥远的事情，员工很有可能会在实现愿景的漫长过程中迷失方向。所以，管理者不仅要帮助团队构建愿景，洞见未来，还应当在具体的行动中为员工指明方向。

将工作任务、工作思路贯彻实施下去。管理者在给员工安排工作任务的时候，应当明确告知员工工作任务是什么，并采取一定的措施调动员工的积极性，让员工按照自己的思路完成工作任务。这样员工才能明确自己应当做什么，按照什么思路展开，工作方向自然更加明确。

帮助员工制定工作计划。在第二章的第一节中我们提到愿景要分解成阶段性的目标。为了进一步明确员工的工作方向，管理者可以帮助员工制定实现目标的工作计划。例如，项目实施工作计划，可以从项目完成时间、要求等几个维度制定工作计划。当员工的工作计划明确到每一天应该做什么，甚至每个时间段该做什么的时候，员工的工作方向自然就明确了。

对员工的工作进行监督和检查。即使工作计划制定得再完美，在实施的过程中也免不了由于外部环境的变化或操作的失误发生这样或那样的问题，导致员工迷失方向。所以，管理者帮助员工制定工作计划后，还要对员工的工作进行监督和检查，以及时帮助员工发现问题、解决问题，确保员工按照正确的方向努力，从而完成工作计划，达到工作目标。

一个高绩效团队必定有明确的发展方向。所以，作为团队管理者，必须拥有能够洞见未来并为团队指明方向的能力。

☀ **Tips** ——

高绩效团队要去的方向是未来,而不是停留在当下。

6. 系统思考与有效决策

著名管理者大师彼得·德鲁克(Peter F. Drucker)曾指出,决策始于看法,而非"真相"。先进的工具虽然可以辅助提升决策质量,但每个人的思考模式与心智模式则决定决策的内涵,因此系统思考才是决策与行为真正的主导者。

团队在发展的过程中会遇到诸多复杂问题,运用传统的线性思考方法和问题解决工具,很可能无法帮助团队解决问题,甚至可能酿成更严重的后果。所以,高效能的团队管理者都具备系统思考与有效决策的能力。

(1)系统思考

管理团队是一个系统过程,应当做全盘系统思考,既不能片面重视或强调某件事或某个环节,也不能忽视某件事或某个环节。所以,为了使团队能够和谐、全面地发展,管理者就应当懂得如何进行系统思考。

管理者要想学会系统思考就必须学会三种思考模式:动态思考、深入思考和全面思考。

第一,动态思考。

动态思考让管理者不只看到当前发生的事情,而是让管理者看到事情发展的动态和趋势,认识到真正影响团队发展的各个因素。

但是传统上,管理者习惯采取线性思维方式,即只关注问题,着眼于眼前的思考方式。管理者通常会将实际情况与预期进行对比,如果实际情况与预期存在差异,就会断定存在问题,并且会立即采取措施和对策。

例如,团队的营业收入没有达到年初目标,管理者就会认为这是一个严重的问题。然后会召开会议分析问题产生的原因,再研究制定整改措施和对策,如减少成本。这就是一种常见的线性思考方式,它背后的假设是:因与果之间的线性作用及因产生了果,只需要找到病因,就能对症下药铲除病根。

但实际上,团队的发展中存在诸多复杂的问题,背后可能隐藏着更多、更复杂、更大的问题,而且造成这些问题的原因也是多方面的。换句话说,问题与问题之间、问题与结果之间、结果与结果之间都存在着相互影响和动态作用,只找出单一的病因并采取单一措施是很难奏效的。

所以,管理者遇到任何事情的时候都应当采用动态思考。进行动态思考的时候可以采用辅助工具——多重原因图,如图 3-12 所示。

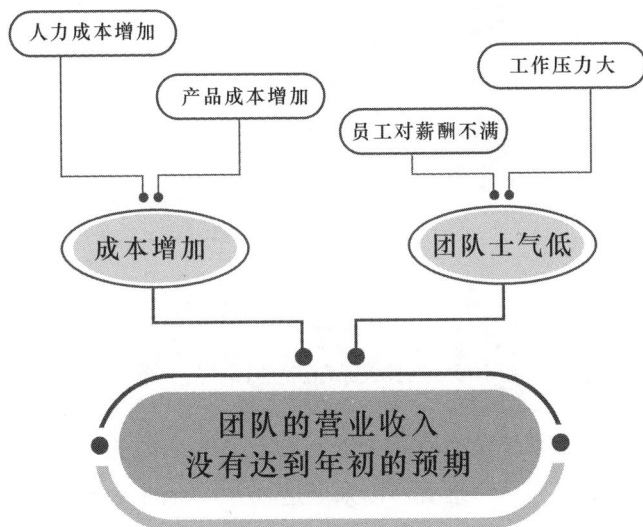

图 3-12 多重原因图

通过多重原因图可以分析出问题的主要原因以及次要原因,对问题的症结进行精准定位,进而才能找到高效解决问题的措施和办法。

第二,深入思考。

为了系统地了解某件事或某个问题,管理者还应当学会深入思考。养成深入思考的习惯,可以采用不断向自己进行深入提问的方式。

"为什么会发生这样的事?"

"如何才能解决这件事?"

"未来会发生什么事?"

"如何做才能规避这类事的发生?"

…………

要得到这些问题的答案,首先要把有关的事件都联系起来,从中探寻事情的发展趋势。然后由此进一步分析这些趋势、模式背后的因果关系。简单地说,就是探寻影响这件事的因素,以及它们之间的关系、变化的趋势。这些东西我们称之为系统的机构。这一深度探索的过程就是系统思考。

第三,全面思考。

系统思考的本质是全面思考,其中一个基本要求就是要有条理地梳理复杂关系,确保不会遗漏任何一个环节。进行全面思考的时候可以借助辅助工具——实体关系图,如图 3-13 所示。

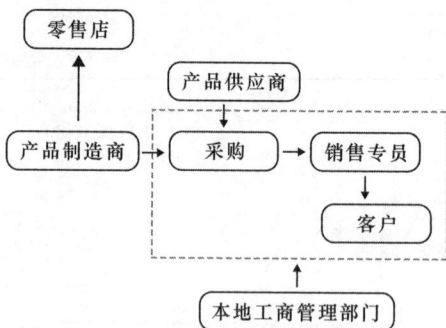

图 3-13　实体关系图:销售团队的关系

实体关系图显示了系统中所有相关的主题及其之间的关键反馈关系,与系统中构成的各要素相对应。团队管理者可以采取这种方式绘制关系图,进行全面思考,准确找出问题产生的根源,进而采取正确的应对之举。

(2)有效决策

中国古语云:"将之道,谋为首。"意思是作为领军打仗的将领,谋略是首要素质。对于带领团队实现共同愿景的管理者来说也是如此,首要素质是谋略。所谓谋略就是能够为团队做出有效决策,这种决断力也是领导能力的一种直接体现。

决策,通俗地说就是判断,是在各种方案之间进行最优化选择。这个选择将对团队的发展产生直接影响。

某家公司最初生产的电子产品是随身听,且取得了不错的业绩。随身听的诞生源于该公司管理者的观察,管理者发现年轻人非常喜欢听音乐并经常处于运动中,于是便萌生了生产随身听的想法。在提起随身听的发明时,该公司的领导说道:"我不相信会有任何市场调研报告可以告诉我们它会如此成功。公众不晓得什么是可能的,我们却知道。"该公司的领导并没有进行科学的调研和大量的数据分析来证实消费者对随身听有需求,他只是本能地意识到这是一种趋势,会成为消费者的需求。可以说,该公司的领导是凭借自己高超的判断力做出了有效决策,取得了巨大的成功。

上面这家企业的成功告诉我们,能够产出成果的决策力才是管理活动最本质的特征。那么,如何才能拥有高超的决策力呢?

决策力一般是由经验、信息、知识和思维方式四个部分组成。经验是指管理者通过长期工作实践得出来的决策逻辑;知识是指管理者通过理论学习得出来的决策逻辑;信息是指管理者通过观察、沟通得到的信号;思维方式是指管理者认识问题、分析问题的角度与线路。

决策力是由经验、信息、知识和思维方式整合出来的逻辑整体,它们共同发挥作用。虽然仅凭其中某一个决策逻辑也可以做出决策,但是这个决策的有效性便会降低。所以,为了提高决策的针对性、有效性,管理者应当不断积累经验、获取信息、丰富知识、养成科学全面的思维方式,尽量减少决策"误差"。

💡 **Tips**

管理工作是一个不断进行系统思考和有效决策的过程。

7. 真诚地表达自我,使众人行

领导力的"落地"在于从"使我行"转变为"使众人行"。"使我行"是指管理者按照自己的意愿行事,"使众人行"是指通过建立信任和增进关系来促进团队协作。团队的发展依靠的是团队成员相互协作的力量,所以,领导力的落地在于管理者能够做到"使众人行"。

如何才能使众人行? 使众人行的基础在于先使"众人"信任管理者,愿意跟随管理者,听从管理者的安排。所以,管理者要做的是与团队成员建立信任,增进关系。其前提是管理者能够真诚地表达自我。

管理者真诚地表达自己,主要体现在两个方面。

(1)语言上真诚地表达自我

语言上真诚地表达自我是指管理者在日常管理工作中,要学会通过语言向团队成员传递自己的真诚。

真诚地表达自己对工作的一些看法。这些看法包括自己对团队发展、员工工作、自身能力等方面的一些看法。

例如,"我们团队最近的绩效成绩虽然不是很好,存在一些小问题,但是我对大家都有信心,相信我们下个月能够创造更高的绩效"。

这种表达真诚地反映了团队的现状,也表达了对团队成员的信任,能够增加彼此之间的信任关系。

真诚地表达对员工的关心。这是能够让员工直观地感受到自己被关心的一种有效方法。所以,管理者在日常工作中要多关注员工,并真诚地表达对员工的关心。

管理者对员工的关心主要体现在两个方面:工作中的关心和生活上的关心。

工作中的关心是指在员工遇到问题的时候,管理者不能一味地求全责备,而是应该真诚地关心员工为什么会出现问题,并及时为员工提供帮助。

生活上的关心是指影响员工工作绩效的原因很可能是员工的个人生活上遇到了困难。所以,管理者还应当给予员工生活上的关心,让员工感受到管理者的人性化。

实际上,通过语言真诚地表达自己是管理者随时都可以做到的事。例如在会议上,与员工面谈的时候或交代工作任务的时候,当管理者用语言真诚地表达自己想法时,与员工之间的信任关系会逐渐增强,员工便会自发行动起来,为实现团队的共同目标而互相协作。

(2)行动上真诚地表达自我

行动上真诚地表达自我是指管理者应当帮助团队成员增强自主意识和发展能力,以提升团队的整体实力。这一点是"使众人行"的关键。行动上真诚地表达自我主要体现在两个方面。

第一,赋能于员工。

将一定的权力赋予员工是管理者最大的真诚。所以,管理者要学会赋能于员工,使员工有能力自主决策和采取行动。

具体来说,管理者在赋能的时候需要做到以下几点。

给员工提供机会,让员工在如何推进工作和如何服务客户方面拥有决策权。

创造工作条件,让员工有机会通过工作来提升自己的能力和自信心。

帮助员工在工作技能和挑战之间找到平衡。

提出问题,让员工自己寻找答案。

为了在赋能的同时进一步体现自己的真诚,管理者应当为员工提供必要的数据和信息,让员工能够更加顺利地行使自己的权力,达成理想的结果。

第二,提供必要的支持。

使众人行需要的不只是一句简单的口号,更需要的是来自管理者提供的实际支持。如果没有实际支持,员工也会认为管理者不真诚。此外,在团队协作中,管理者应当为团队成员提供必要的资源和帮助。例如,建立沟通渠道、提供客户资源等。

管理者真诚表达自我的最终目的是能够与团队成员建立信任、增强关系,进而达到"使众人行"的目标。只有管理者充分认识到这一点,才能最终以自己的言行一致带领团队更好完成目标。

⚙ **Tips**

普通管理者的特点是"使我行",卓越管理者的特点是"使众人行"。

8. 积极主动承担责任

从本质上看，管理者就是对一个团队的工作及其贡献（工作结果）承担责任的人。但是不少管理者只关注职位给他们带来的权力，而忽略了他们应当承担的责任。他们总是轻而易举地将团队遇到的各种问题，如业绩不高、氛围不好、竞争力不强等问题都推给员工。

销售部门的员工李某被客户投诉服务态度差，在跟客户沟通的过程中恶语相向。这件事闹得沸沸扬扬，公司的老板王某不得不亲自找销售部门的经理张某问个究竟。

王某问："你手下的员工怎么能跟客户吵架，闹得沸沸扬扬？"

张某说："我也才刚刚知道这件事，我也不清楚李某为什么会这么做，我一定会严格处理他。"

王某："处理李某就能解决客户投诉的问题吗？看来，你适不适合当管理者还有待考量。"

上述的案例在团队内部管理中屡见不鲜。员工在工作中出现问题其实是一件很正常的事，这并不是老板质疑张某的能力，而是张某处理问题的方式不对，张某只会推卸责任，却不想着如何解决问题。

团队管理者如果只会推卸责任，一方面会让上级质疑你的能力，另一方面会让员工对你失去信心，不愿意追随你。所以，管理者应学会积极主动承担责任，赢得员工的支持和信任，同时赢得上级的认同。

在团队管理工作中，管理者应主动承担两个方面的责任。

（1）为团队的运转承担责任

管理者的主要职责是带领员工创造高绩效，促进团队高效运转。所以，管理者首要承担的责任是团队的运转。

第一，团队的运转取决于管理者的能力。团队的运转不只是员工的事情，主要取决于管理者的能力。所以，当团队无法高效运转的时候，管理者首先要承担责任，并进行自我反思，从自身找原因。

第二，在团队遇到危机的时候，管理者首先要站出来。如果管理者不能站出来说"是我的责任，我会带领大家一起解决危机"，那么团队成员可能会互相推诿。这种不具有责任心的团队，一般很难创造高绩效，更谈不上长远发展。所以，团队遇到危机的时候，管理者应该懂得及时承担责任。这样做有利于处理危机，促进团队成员更好地配合。

（2）为团队成员承担责任

一个优秀的管理者不仅要为团队的运转承担责任，还应当为团队员工的所作所为承担责任。因为团队成员是团队运转的核心，没有他们，就没有团队。为团队成员承担责任时要求管理者注意一点：员工犯错也许不是因为员工的能力，而是因为管理者自身的问题。

领导指责员工："项目计划书我今天就需要，为什么你现在还没有完成？"

员工说："你交代工作任务的时候只是让我把这个计划书写好，并没有说哪一天要。"

领导说："那你为什么不问我？一定要我说那么清楚吗？"

这种情况在团队管理工作中也是常见的。这个问题的关键不是员工能力，而是管理者没有清楚地传达工作指令。当问题出现的时候，领导并没有承担责任，而是把责任推给了员工。这种推卸责任的行为，会严重影响员工对公司的信誉。而且很可能员工会效仿领导的行为，当问题出现的时候，员工可能反问领导"你也没说啊""你也没问我啊"。这样互相推诿的团队很难成为高绩效团队。

所以，即使员工犯错，管理者也不能一味地指责员工，而是应当先审视自己。如果的确是管理者的问题，那么必须承担责任。

例如上述案例中，管理者可以说："很抱歉，是我没有说清楚。下次我一定注意，一定把所有细节、需要注意的事项都告诉你。"这样说才能让员工更加信任和跟随管理者。

当然也有可能，问题主要是员工导致的，例如管理者清晰地传达了工作任务，但是员工因为自身原因没有完成。这个时候管理者也应当承担一定的责任，因为你是他们的管理者，他们的行为结果与你有关。但需要注意的是，在员工自身存在问题的时候，管理者不能包揽一切责任，这样不利于员工改进行为，甚至容易滋养出更多不好的习惯。管理者可以说："这件事我也有责任，我没有及时跟进，为你提供帮助。不过，你也应当积极反馈问题，这样我们就可以避免问题发生。"这样做，一方面体现了管理者的担当，另一方面也让员工意识到自己的问题，可谓一举两得。

卓越的管理者从来不会把责任推脱到员工身上，无论是大问题还是小问题，他们只会让工作更加顺畅。当团队取得高绩效的时候，他们会从"责任"中退出来。他们会将这一切优秀的结果都归功于团队。这样的管理者才是员工敬佩的人。

💡 **Tips**

管理者可以不懂专业的知识，但是一定要懂得承担责任，知道什么时候应当做出什么样的决策。

9. 掌控你的时间和效能

管理者的时间和效能是与团队命运联系在一起的。管理者越能掌控自己的时间和效能,便越能带领团队创造高绩效。反之,则无法带领团队创造高绩效,团队的发展更无从谈起。所以,作为团队管理者,应当学会掌握自己的时间和效能,避免浪费时间,以最大程度提高团队的效能。

管理者如何做才能掌握自己的时间和效能? 至少要掌握以下几点。

第一,时间管理探索的是如何避免浪费时间,以便更高效地完成既定目标。

第二,时间管理也是管理者的自我管理,管理者要清楚自己该做什么,不能做什么。

第三,时间管理是改变不良行为,令自己不断地提升工作效能。

第四,时间管理是事前规划或明确愿景后的长期计划。

时间管理的关键在于:如何选择、支配、调整、驾驭在单位时间里所做的事情。如果管理者能正确地选择、合理地支配、灵活地调整、轻松地驾驭在单位时间里所做的事情,那么就能产出更高的工作效能。

管理者可以利用以下几个时间管理工具,进一步做好自己的时间管理。

(1)正确行事的优先顺序

时间管理的核心是掌握行事的优先顺序,这样才能提高管理和工作效能。正确行事的优先顺序其实就是要分清事情的轻重缓急,管理者可以采取图 3-14 所示的时间管理象限的方法。

重要而且紧迫的事情:例如,项目启动的准备工作。对于这类事情,要按照事情优先顺序亲自去完成。

紧迫但不重要的事情:例如,客户电话。对于这类事情,管理者要学会授权,让有能力完成的员工去做这件事,这样管理者才能将时间放在最重要且紧迫的事情上。

不重要不紧迫的事情:例如、上网、打游戏、看剧等。对于这类事情,可以等到有空的时候再去做,也可以不做。

重要但不紧迫的事情:例如,一般的会议。对于这类事情,可以暂时放在一边,等有时间的时候再去做。

(2)二八原则

二八原则是著名经济学家维弗雷多·帕累托(Vicfredo pareto)发现的,他认为在任何一组东西中,最重要的只占其中一小部分,约 20% ,其余 80% 尽管是多数,却是

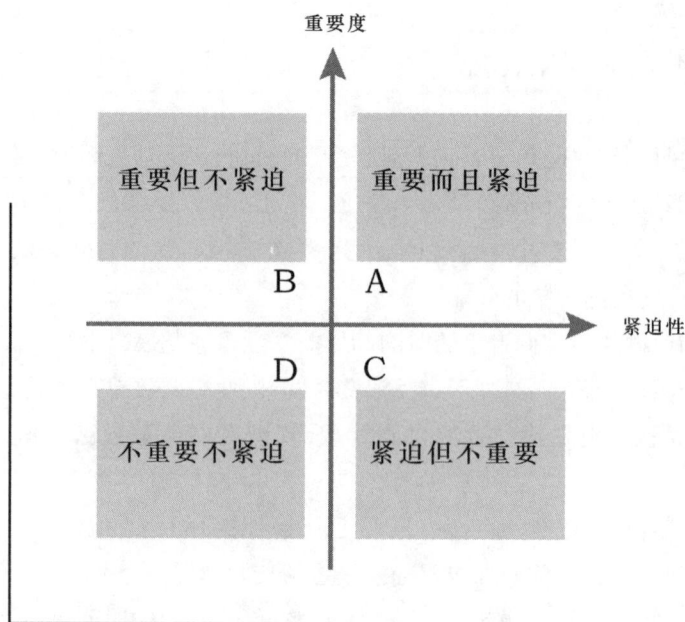

图 3-14　时间管理象限

次要的,因此称为二八原则。这一原则也可以运用到时间管理中。

在时间管理中,"二八原则"是指花 80% 的时间做一些琐碎的多数事情只能达到 20% 成效,而花 20% 的时间做一些重要的少数事物,却能达到 80% 成效,如图 3-15 所示。

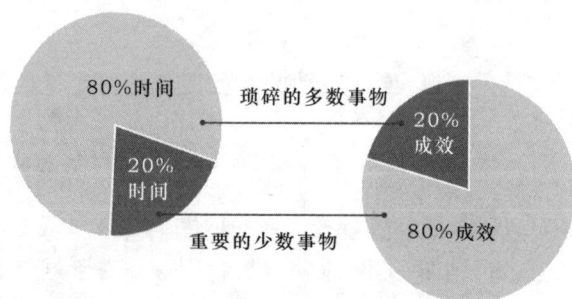

图 3-15　二八原则示意

所以,管理者要做的是将 20% 的时间花在那些重要的少数事物上,达到 80% 的成效。

(3)大块时间法则

"大块时间法则"也称"30/90 法则",是一种培养工作情绪的法则,前 30 分钟做容易做的事情，让事情看起来有进度，后 90 分钟做最重要的事情。大块时间法则有一个三步法。

第一，把当天要做的事情一一列举出来。例如：

回邮件；

打电话；

写计划；

开会；

与员工沟通；

…………

然后将这些事情分成容易做的、重要的以及其他事情，可以利用二八原则排出事情处理的优先顺序。

第二，前 30 分钟完成最容易完成的事情，时间一到不管有没有完成都要立即切换到重要的事情上。

第三，后 90 分钟完成重要的事情。如果有时间或者有热情，那么可以持续做下去。

有空的时候可以完成其他事情或是那些没有做完的容易事情。在这 120 分钟里要尽量让自己不受干扰，你可以事先告诉周边的人或主动拒绝干扰。管理者最好能养成每天都有一大块时间的习惯，确保每天能保有基本的绩效，然后才能在此基础上，创造更高的绩效。

时间管理是运用策略和技术，帮助管理者尽可能有效地利用时间。它的本质是对管理者习惯的一种重塑，改变不好的习惯，培养好的习惯，进而帮助管理者提升工作效能。所以，掌控时间和效能也是提升领导力的一种方式，是管理者应当注重的事情。

⌖ Tips

时间管理能力是管理者必备的素质之一。

10. 工具：四种不同的领导风格、合道领导力发展模型、期望理论

工具一：四种不同的领导风格

大多数领导都存在两种行为：指挥性行为和支持性行为。但是，除了这两种行为外，他们身上或多或少还存在一些其他的行为。也就是说，指挥性行为和支持性行为

在每个领导身上存在的程度不同。这两种行为的不同程度，造就了图 3-16 中四种不同的领导风格。

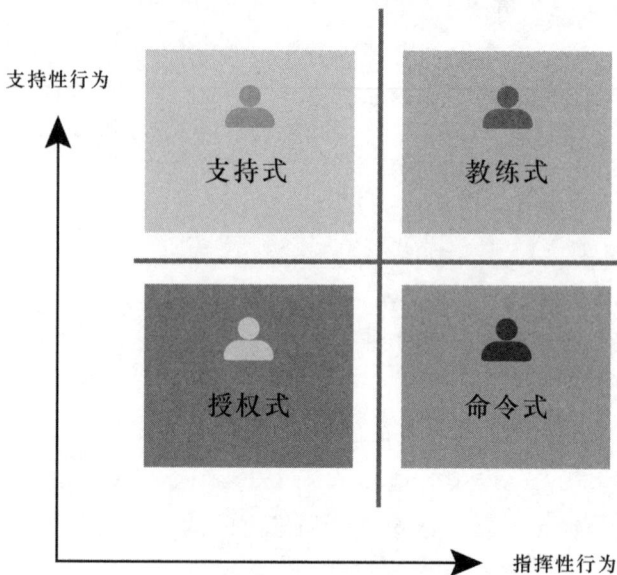

图 3-16　四种不同的领导风格

第一，教练式的领导风格。

教练式的领导风格采用的是一种高指挥性和高支持性的领导方式。这种领导风格的具体特点如下。

能够提升员工的能力。教练式管理者会通过指挥的方式发挥员工的优势，进而帮助员工提升自己。

激发员工的工作激情。教练式管理者会通过支持的方式提高员工的工作积极性，最大限度激发员工的工作激情。

给员工充分的自主决策能力，激发员工的潜力。教练式领导会倾听员工的想法，给员工充分的自主决策权，激发员工的潜能。

高指挥性对提升员工的能力有帮助，高支持性对提升员工的积极性有帮助。当员工的能力不足、工作意愿不是很强时，就需要采取教练式的管理风格。

第二，支持式的领导风格。

支持式的领导风格采用的是一种高支持、低指挥的领导方式，他们会尽量激励员工去做，而不是告诉员工如何去做。这种领导风格的具体特点如下。

让员工参与决策。支持式领导在做决策的时候会让员工参与，并且会鼓励他们提问,发表不同的看法。最终会跟员工一起共同做决策。

创造轻松的工作氛围。支持式领导会为员工创造轻松的工作氛围,让大家可以一起愉快地讨论问题,发表任何意见,并会经常鼓励员工、肯定员工。

高支持可以提升员工的工作意愿,但低指挥对一些能力不强的员工来说没有什么帮助。所以,当员工的工作能力很强但是工作意愿不强时,可以采取支持式的领导风格。

第三,授权式的领导风格。

授权式领导是一种指挥性和支持性行为都较低的领导方式。这种领导风格的具体特点如下。

让员工自己做决策。授权式领导会给予员工一定的权力,让员工自己做决策。

让员工自主完成工作。管理者会给员工提供一定的资源,让员工自主完成工作任务。管理者希望员工在工作中能主动发现问题并解决问题,并且允许员工进行变革。

这种领导风格适合于能力强、工作意愿强的员工。因为能力强、工作意愿强的员工一般是非常成熟的老员工,他们不需要过多的指挥和激励。但是并不是说管理者可以完全不指挥、不激励这类员工,只是可以适当少一点。

第四,命令式的领导风格。

命令式的领导风格是一种指挥多、支持少的领导方式。这种领导风格的具体特点如下。

详尽的指导。管理者对员工的工作任务会给予详尽的指导,并且会密切监督员工的工作过程。

及时给予反馈。管理者会告诉员工,应该在什么时候,用什么样的方式去完成什么样的工作任务,并且会制定明确、清晰的规则,以约束员工的行为。

决策权掌握在管理者手中。命令式领导会将决策权完全掌握在自己的手中,很少跟员工进行交流,更不会倾听员工的想法。

对于一些工作意愿高而工作能力低的员工,便可以采取命令式的领导风格。

以上四种领导风格并不是说一定要使用哪一种或者哪两种,可以因人而异、因时而异、因事而异,弹性运用。

工具二:合道领导力发展模型

合道领导力从组织未来、组织氛围、组织价值、人才发展四个维度,明确了管理者的四大关键领导角色、应具备的四项关键能力和相应的领导行为要求,如图3-17所示。有了这个框架模型的指导,领导力的开发将大大简化,从而极大地提升领导力开发的针对性、系统性和有效性。

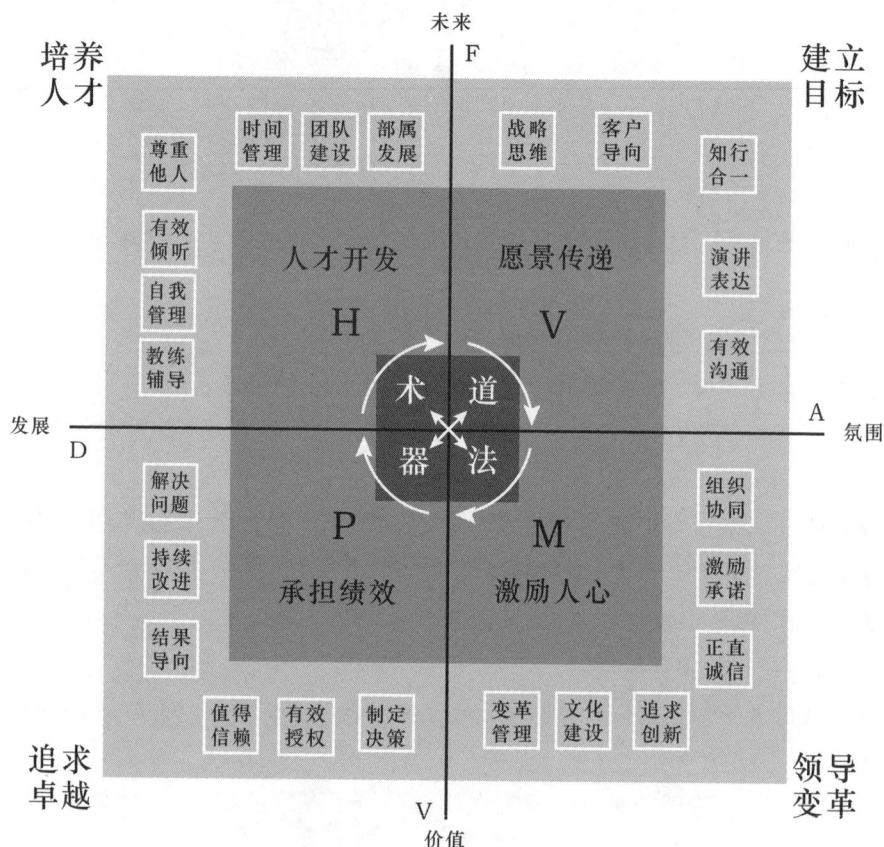

图 3-17　HS-FAVD 合道领导力发展模型

作为合道领导力发展系统的核心,整合了关于领导力和企业管理领域的诸多先进思想、方法和工具,是领导力研究的一次实践性创新。

第一,合道领导力发展模型根据多年来的领导力理论和实践总结,指出了管理者应担当的四大关键角色:人才开发、承担绩效、激励人心、愿景传递,如图 3-18 所示。同时指出这四大角色存在循环递进的逻辑层级关系。例如,培养人才是为了更好地实现经营管理绩效,而只有绩效目标实现了,组织实施激励和创新才有可能。激励人心是为了更好地凝聚人心,推动变革和创新,促进愿景目标的实现。

第二,合道领导力模型中的四种角色对管理者而言都非常重要,但这些领导角色并不处于同一层级。

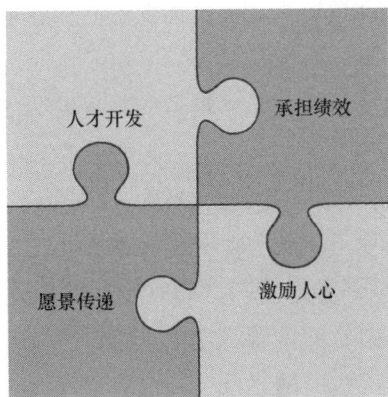

图 3-18 合道管理者四大角色模型

愿景传递角色是管理者的根本角色,是处于管理顶层的角色。一个管理者应该具备全局意识和战略思维、坚定的信念、崇高的使命感、令人肃然起敬的道德修养、充沛的激情、综合的知识结构、全面的工作能力和独特的素质形象等。在商业社会变化剧烈、竞争日趋激烈、不确定性越来越高的 VUCA 时代,管理者必须能够拨云见日、洞见未来,为组织制定清晰的愿景目标,凭借其强大的人格魅力,通过有效的沟通表达凝聚团队成员,实现共同愿景。

但是,一个管理者不是规划了愿景,聚合了一批追随者就可以,管理者还应带领群体或组织推动变革,持续创新,应对挑战,不断追求卓越。这就要求管理者能够通过优化产品开发和客户服务流程、完善组织体系、促进内部协同、塑造健康向上的组织文化、整合内外部资源等提升组织效率,提高组织把握商业机会的能力,并在这一过程中展现卓越的决策、激励、控制、协同等能力。就此而言,激励人心和承担绩效这两个角色是愿景传递角色的延伸或发展,是处于中间层面的领导角色。

对管理者来说,无论是培育核心竞争力、打造组织能力、推动变革,还是持续改善,达成绩效目标等,都需要人才的保障。没有一支作风过硬,敢打敢拼的高绩效人才队伍,核心竞争力和组织能力的建设、转型、变革、绩效改善等就不可能实现。因此,管理者最基础的角色就是人才开发。没有出色的人才培养能力,就谈不上是一个优秀的管理者。

第三,合道领导力发展模型指出愿景传递和承担绩效、人才开发和激励人心分别存在对应关系,即有效履行绩效角色有助于组织愿景目标实现。反过来,没有清晰的愿景目标,组织的绩效工作将失去方向。有效履行人才开发角色是为了更好地激励人心,促进组织变革与创新。同时,为了更好地调动人的积极性,推动组织变革转型和创新工作的开展,应对商业危机以及促进内部协同和各级目标达成等,也需要人才保障。

第四,针对四大角色的履行提出了管理者应具备的四大关键领导能力,即建立目标、领导变革、追求卓越、培养人才的能力。合道领导力发展系统认为,虽然组织的发展需要管理者多方面的能力,但这四大能力最为关键,是管理者必须掌握的本领。

第五,针对四大能力的履行,合道领导力发展系统提出了管理者应该具有的23项领导行为,分别为战略思维、客户导向、知行合一、演讲表达、有效沟通、组织协同、激励承诺、追求创新、文化建设、变革管理、制定决策、有效授权、值得信赖、结果导向、持续改进、解决问题、尊重他人、时间管理、团队建设、部属发展、有效倾听、自我管理、教练辅导。

第六,合道领导力发展系统认为,人才开发与愿景传递的共同作用有助于组织应对未来的商业挑战,进而把握未来的商业机会;愿景传递和激励人心的共同作用有助于塑造良好的组织氛围;激励人心和承担绩效角色的互相作用有助于组织价值的实现;承担绩效和人才开发角色的相互作用有助于组织和人才的发展。

团队管理者可以采取合道领导力发展模型中的方法开发自己的领导力,清楚自己应当扮演哪几种角色,要具备什么样的关键领导能力。

工具三:期望理论

期望理论是由著名心理学家和行为科学家维克托·弗鲁姆(Victor H. Vroom)于1964年在《工作与激励》中提出来的。

这个理论可以用公式表示为:激励力量 = 期望值 × 效价。

激励力量是指调动个人的积极性,激发个人潜能的强度;期望值是指根据个人的经验判断达到目标的把握程度;效价是指所能达到的目标对满足个人需要的价值。该公式表明,人的积极性被调动的大小取决于期望值与效价的乘积。也就是说,一个人对目标的把握越大,目标对个人需求的价值越大,就越能激发一个人的积极性。管理者在工作中,完全可以利用这种方式调动自己的积极性,提升领导力。

期望理论反映的是需要与目标之间的关系,管理者要采取期望理论调动自己的积极性,就必须明确以下三点。

第一,工作能提供给自己真正需要的东西。

第二,管理者欲求的东西往往是跟绩效联系在一起的。

第三,只要努力工作就能提升团队的绩效。

自我激励也是塑造卓越领导力的关键。管理者只有调动起自我的力量,并有信心实现个人目标,才能激发团队的力量实现共同愿景。

第四章　人才赋能：选拔和培养高效能员工

打造高绩效团队的前提是团队有能够创造高绩效的高效能员工。所以，团队领导的主要职责是对人才进行赋能，选拔和培养高效能员工。

1. 高效能员工的七大特点

团队管理者要想打造一支高绩效团队，除了要具备卓越的领导力外，还要学会对人才进行赋能，选拔和培养高效能员工。

高效能员工不仅知道自己要干什么，还能够掌控自己的时间、注意力和情绪，在短期目标和长期目标间找到平衡点。他们不仅工作干得好，还干得有激情。通常来说，高效能员工具备七大特点，如图4-1所示。

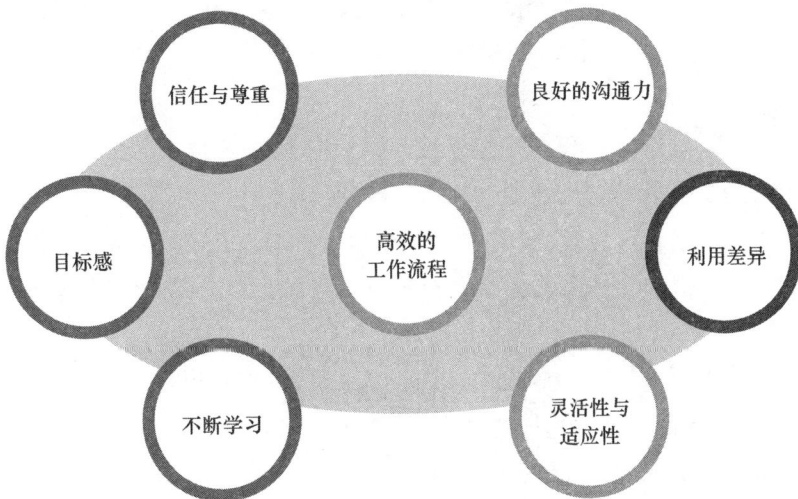

图4-1　高效能员工的七大特点

（1）目标感

高效能员工一定具有强烈的目标感，他们明晰自己要达到的目标，知晓达到目标对个人和团队的价值和意义，并坚信自己一定可以达到。

具有强烈目标感的员工，通常会在接到工作任务后就确立自己的目标，并且会为实现目标制定周密、具体的计划。当他们坚定地朝着目标前进的时候，高效能就开始诞生了。

（2）信任与尊重

团队成员之间的相互信任与尊重是高绩效团队的显著特征。在高绩效团队中，每个成员对其他成员的能力和人品都深信不疑，且会尊重团队的每一位成员。

谷歌曾发布了一个研究结果：在一个心理安全感高的团队中，团队成员会敢于在队友面前去冒险。因为他们确信，团队中没有人会因为承认错误、提出问题或提出新的想法而让大家感到尴尬或受到惩罚。

除了信任，尊重也是构建团队关系的重要因素。只有当员工之间互相信任、尊重的时候他们才能更好地沟通、协作，提升个人和团队的效能。所以，信任并尊重团队其他成员是高效能员工具备的第二个特点。

（3）良好的沟通力

具备良好的沟通力是高效能员工必不可少的一个特点。高效能员工擅长通过语言和非语言等交流形式，表达自己的想法和建议，帮助团队建立健康的信息反馈系统，促进团队内部的有效协作。良好的沟通力具体表现在友善的沟通态度、积极主动地表达自己的想法和建议等方面。

（4）利用差异

高绩效团队是差异的组合，是优势和劣势互补、协作的结果。高效能员工不仅能够看到团队成员之间的差异，还能够利用差异、促进协作，以更高效的方式完成工作。

例如，A员工很擅长交际，但是文案策划能力不强。那么，在完成新产品营销活动任务的时候，A员工会主动提出负责活动现场与客户交流的工作，并推荐擅长文案策划的B员工负责撰写活动方案。

懂得利用差异的员工不但知道如何更大限度地发挥自己的潜能，还知道如何最大限度地激发他人的潜能。这样的员工往往能创造高绩效。

（5）灵活性与适应性

灵活性与适应性是指能够根据团队的内部变化或外部变化灵活地调整自己的工作内容，并能快速适应的能力。具备灵活性与适应性特点的员工不会惧怕任何变化，而是会在团队成员需要的时候，随时随地地帮他们补位，协助他们完成工作任务。

这样的员工不仅能在自己的岗位上创造高绩效，还能协助团队其他成员创造高绩效，进而实现众人拾柴火焰高。

（6）高效的工作流程

工作效率较低的员工往往不是因为自身的工作能力问题，而是因为缺少高效的工作流程。高效能员工往往会在工作中不断地复盘、总结经验，让自己可以在最短的时间内快速、高效地完成任务。逐渐地，就能形成一套简洁、高效的工作流程，这也是他们能创造高绩效的根本。

（7）不断学习

著名企业家沃伦·巴菲特（Warren E. Buffett）在纪录片《成为巴菲特》中说，他每天至少要花 5~6 个小时的时间看书。在他 89 岁的时候，依然会在每年的股东大会上接受别人五六个小时的提问并认真做出回答。可以说，巴菲特的成功离不开他的学习力。纵观一些成功人士，我们不难发现他们身上似乎都有一个特质：不断学习。在团队中，高效能员工也具备这样的特质。

高效能员工的成功基于不断学习，他们一方面会学习新的技术和知识，另一方面会复盘之前的工作，从过去的经验中学习。在这样的学习中，他们才能有效规避已经出现的问题，并且会用新的知识去应对新的问题和挑战，进而获得高绩效。

高绩效团队是由一个个高效能员工组成的，他们的能力决定了团队绩效的高低，决定了团队的发展。所以打造一支高绩效团队的前提是依据高效能员工的特点，选拔并培养出一批高效能员工。

> 💡 **Tips**
>
> 高效能员工的 7 个特点是目标感、信任与尊重、良好的沟通力、利用差异、灵活性与适应性、高效的工作流程、不断学习。

2. 高效能员工的选拔：互补共赢

人力资源管理中有一个理论叫"互补增值原理"，是指由于人力资源系统每个个体的多样性、差异性，因此在人力资源整体中具有能力、性格等多方面的互补性，通过互补可以发挥个体优势，并形成整体功能优化。通俗地说，就是通过团队成员之间取长补短，从而达到互补增值，实现整体绩效最大化也就是我们常说的"1 + 1 > 2"的合作效应。所以，要想打造一支高绩效团队，在选拔员工的时候就要关注员工之间的互补性。

中国古典四大名著之一的《西游记》中的取经队伍其实就是一个典型的互补型的团队。这个队伍中每个人都有自己的优势,但是他们也有自己的劣势。

唐僧是个非常智慧的管理者,对目标非常执着,但是性格较内敛、沉稳,过于信赖他人,容易被人欺骗。

孙悟空工作能力很强,而且非常勤奋,但是他的性格比较要强,做事容易冲动。

猪八戒善于沟通协作,但是非常懒惰,团队意识也不强。

沙僧忠厚老实,做事脚踏实地,对团队比较忠诚,但是他的能力一般。

这四个人的优势和劣势完全不同,他们组在一起就形成了一个互补型的团队。在这个团队中,唐僧对目标的执着为其他三个人明确了工作方向,而孙悟空优秀的工作能力又弥补了唐僧"容易被骗"的劣势,猪八戒善于沟通、协作的优势又弥补了孙悟空做事容易冲动的劣势,沙僧对团队比较忠诚的优势又弥补了猪八戒团队意识不强的劣势。高绩效团队需要的正是像他们四个人一样可以互补,并在团队中可以发挥各自优势的员工。

当然,团队成员之间的互补并不意味着严格地遵循 A 员工的优势补充 B 员工的劣势这种模式。具体来说,高绩效团队成员需要遵循以下四个方面的互补原则,才能实现优势互补又不出现团队内斗的情况,从而确保团队的稳定发展和绩效的优化。

(1)能力上的互补

能力互补是指员工在能力类型、能力大小、知识结构方面实现互补,使整个团队的能力结构更加合理。因此,在选拔员工的时候,团队管理者要清楚地知道团队需要具备何种能力和知识结构的员工,以及每个候选人的优势是什么、劣势是什么。

在选拔员工环节,识别员工能力的方式主要有三种。

一是通过员工的简历识别员工的能力。正常情况下,员工会将自己具备哪些能力写在简历上。

二是通过面试提问环节,让员工阐述自己有哪些方面的能力。当然也可以通过跟员工的沟通识别员工的能力,如表达能力。

三是可以设定一些跟团队工作相关的场景互动,从员工的表现中识别员工的能力。

(2)性格上的互补

团队成员的性格也需要互补。关于这个问题,我们可以做一个设想。

如果一个团队中的员工都是内敛、沉默寡言的人,团队会如何?团队的氛围会非常消极,这种消极的氛围会降低团队成员的积极性,进而会影响整个团队的士气。

如果一个团队中的员工都是大大咧咧、自己想说什么就说什么、不顾及他人感受的人,团队会如何? 这样的团队氛围虽然比较活跃,但是很容易引发冲突,进而影响团队的工作效率。

所以,团队的员工不能全部都是内敛、沉默寡言的人,也不能全部都是大大咧咧、口无遮拦的人。团队要想营造出积极、活跃的氛围,又避免产生冲突,就需要员工的性格互补,要有一些内敛的人,也要有一些敢于发表自己意见的人。至于如何用这些不同性格的人,可以根据具体业务来定。例如,研发、分析类的工作就需要性格内敛、沉静的员工,涉及对话交流的工作就需要性格活泼开朗的员工。

(3)年龄上的互补

一个高绩效团队最好能够搭配老、中、青三类员工。这里的老、中、青所指的并非实际年龄上的互补,而是指工作经验和阅历上的互补。年长一些的员工,工作经验、阅历都比较丰富;青年员工有冲劲、目标远大,且思维活跃,有创意;中年员工则是介于两者之间,是状态比较稳定的员工。这样搭配出来的团队,才能高效、稳定地向前发展。

(4)性别上的互补

"男女有别"的"别"不仅体现在体力上,也体现在思维方式、特长上。这种"别"其实就是男、女员工各有各的优势所在。男性体力强、逻辑思维能力和大局意识较强,女性较细心、做事较认真,更加注重工作中的细节。

所以,高绩效团队在选拔员工的时候,也需要考虑员工性别上的互补。

所谓的高绩效团队其实就是集各种能力的人才为一体,实现互补共赢的团队。所以,管理者在选拔员工的时候,不能只看重某一个员工的某个能力,而是要遵循选拔的"互补共赢"原则,选拔出各方面都能互补的员工。

Tips

高绩效团队的思维是:$1+1>2$ 的互补共赢思维。

3. 向员工表达清晰的正向期望

作为管理者,你会如何向员工表达你的期望?

A:"你下次一定不要再犯这个错误了""你这一点实在不应该出错""你没有完成上次的目标,下次一定要完成""你最近没有进步"……

B:"我相信你的能力,你会又好又快地完成这个项目的""我相信你一定可以按时完成任务""你在工作中一直都在帮助他人,我希望这种优秀的表现能够继续持续下去""永远乐观,保持自信"……

A 和 B 虽然都是在表达期望,但效果却截然相反,如图 4-2 所示。

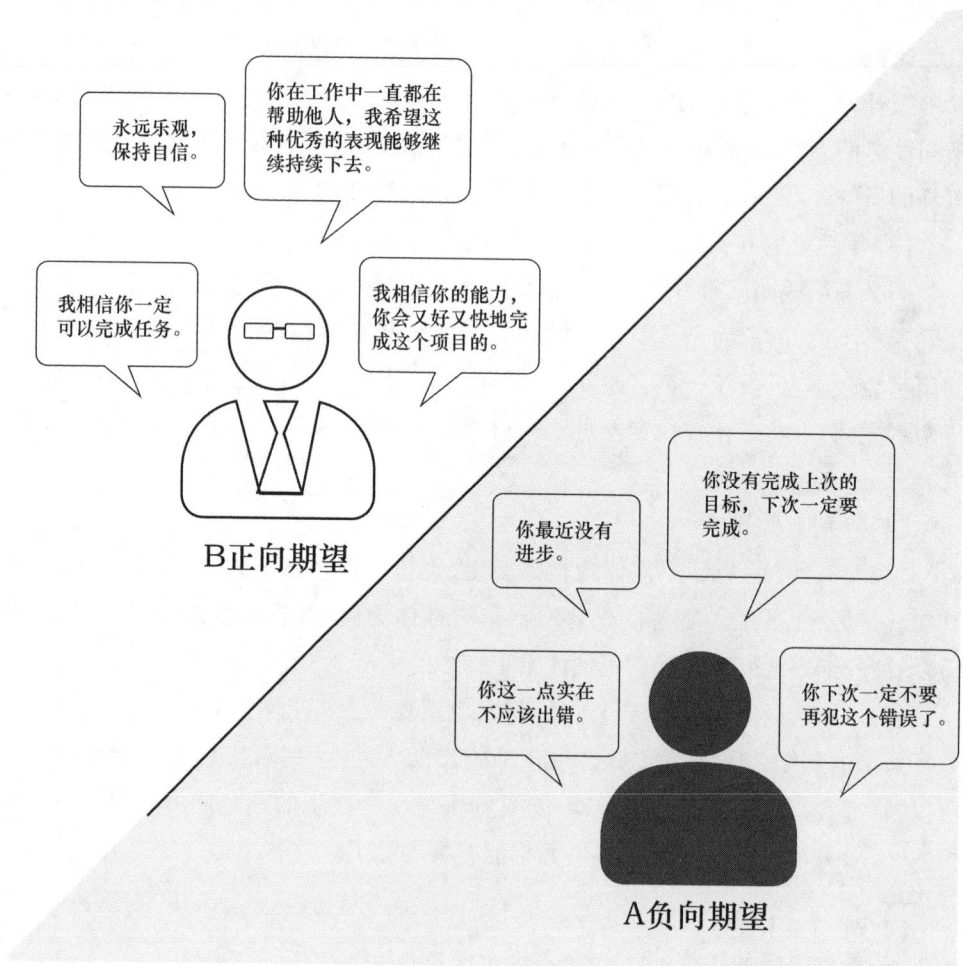

图 4-2　正向期望和负向期望

期望价值理论认为,员工完成各种任务的动机是由他对这一任务成功可能性的期待及对这一任务所赋予的价值决定的。员工自认为达到目标的可能性越大,从这一目标中获取的激励值就越大,员工完成这一任务的动机也就越强。

A 表达的是负向期望。当管理者采取 A 的方式向员工表达期望,员工虽然也会重视管理者的期望,但同时也会因为"不要再犯这个错误""不应该出错""没有完成""没有进步"等负面表达而感到沮丧,产生负面情绪,甚至会产生自我质疑,认为自己无法达成管理者的期望。显然,负向期望无法增强员工达到目标的信心,对员工的行为难以产生有效的激励。当员工被负向期望包围的时候，他们就会变得消沉、低迷，主动性就会越来越低。

B 表达的是正向期望。当管理者采取 B 的方式向员工表达期望，员工会因为"相信""又快又好地完成""一定可以按时完成任务""乐观""自信"等正面表达而受到激励，产生积极正面的情绪，并且对达成目标充满信心。所以，正向期望有助于鼓舞和激励士气。

向员工表达清晰的正向期望是培养高效能员工的重要一步。清晰有效的正向期望不只包括简单地对员工表达积极的期待和鼓励，还应包含完成各项工作的指令、要求和标准等，为员工提供更加清晰的行动标准和方向。

为此，管理者在向员工表达正向期望时要做到"一个原则、三个步骤"。

（1）表达正向期望的原则：使用正向、简洁的语言

管理者在向员工表达清晰的正向期望时，一定要遵循使用正向、简洁的语言的原则。

首先，在向员工表达期望时，一定要避开"不要""不应该""不行""没有完成"等含有负面信息的语言，多使用"你要""你应该""你可以""你会"等正向的语言。相对来说，正向的语言传递给员工的信息更加明确，也更加容易理解，不必太过思考，员工就知道自己该做什么，进而明确目标和方向。例如，"你不要到了月底还没有完成任务。""你要在月底之前完成任务。"后者的表达显然更加清晰、明确。

其次，尽量使用简洁、易懂的语言表达期望，避免使用修辞手法、复句以及晦涩难懂的词汇等。管理者向员工表达期望的目的就是传达指令，让员工快速、有效地行动起来。所以，任何会影响员工接收关键指令信息的表达都是多余的，管理者只要简单直接地说出你的要求即可。例如，"我相信以你现在的能力肯定能完成好这个项目。我对这个项目有三点要求，第一点是……第二点是……第三点是……相信你可以完成得很好！"

"使用正向、简洁的语言"不但有助于管理者简明扼要地传达指令，更能够使员工更清晰、更有动力地采取行动，达成目标。

（2）表达正向期望的三个步骤

管理者要想确保自己的期望可以清晰、准确地传递给员工，除了遵循"使用正向、简洁的语言"的原则之外，还要按照一定的逻辑步骤进行表达。我建议，管理者在表达正向期望时可以采取三个步骤，如图 4-3 所示。

第一步，明确传达任务目标和截止日期。

任务目标和截止日期是正向期望的核心，也是员工接下来的行动方向。因此，管

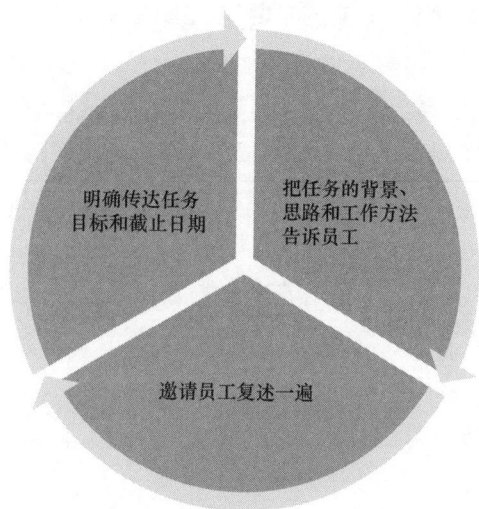

图4-3　表达正向期望的三个步骤

理者首先要明确传达任务目标和截止日期。

为了确保方向清晰,管理者传达的任务目标要有明确的操作标准。

例如,"你负责写一份新产品线上宣传的方案,周五上午9点前交给我。我相信你一定没问题,期待你的创意!""你今天去拜访一下张总,处理一下他昨天反馈的产品问题,一定要帮他妥善解决问题,维护好双方的合作关系。处理完之后你立即回公司,我会在公司等你。"

此外,管理者给出的截止日期最好包含一定的弹性时间。如果员工在规定期限内没有完成任务,也有调整和补救的余地。

第二步,把任务的背景、思路和工作方法告诉员工。

不同的任务有不同的要求,管理者也要把任务的背景、思路和工作方法告诉员工,让员工对将要执行的任务有整体全面的认知。这样员工在执行任务之前就对这一任务成功的可能性有了期待,这种期待越大,员工完成任务的动机就越强。同时,这也能让员工意识到任务的重要性以及管理者对员工的期待和信任,有助于建立彼此间的信赖关系。

例如,"明天有一个非常重要的客户要到公司参观(任务的背景),你去买一些鲜花和绿植把公司装扮一下。鲜花只要买一束摆在前台就可以了。绿植最好多样化一点,比如绿萝、发财树、吊兰、富贵竹、文竹、芦荟、红掌都买几盆,每个办公桌摆一盆,会议桌摆两盆(工作思路)。我知道附近有个花卉市场,品种齐全价格也合适,你可以去看看(工作方法)。"

第三步,邀请员工复述一遍。

为了了解员工是否清楚地接收到自己表达的正向期望,管理者在说完之后可以邀请员工复述一遍。如果员工在复述时出现理解错误或遗漏之处,管理者可以再指正或再补充,直到员工完全明白。

很多管理者在表达正向期望时会忘记让员工复述这一步,自己说完就结束了。事实上,很少有员工只听一遍就能完全领会管理者的意图,而且管理者自己也不能确认所有信息都传达清楚了。所以,管理者一定要养成一个习惯,自己说完之后邀请员工复述一遍。

当管理者对员工保持正向期望并能够清晰传达,就能不断激发员工的动力,让员工以更高效的状态投入工作、完成任务!

> **Tips**
>
> 正向期望是一种无形的力量,你要让这股力量渗透到工作和团队中,引领员工不断实现创造。

4. 了解并充分发挥每个人的优势

了解并充分发挥每个人的优势是人才赋能的关键,也是打造高效能员工、提高团队绩效的关键。

(1)了解每个人的优势

很多团队管理者仅仅从员工的简历或者简单的问答中了解员工。事实上,这种了解只是表面的、固态的。员工的成长和发展是动态的。因此,了解团队每个人的优势并不是一蹴而就的事情,需要团队管理者长期对员工进行关注。管理者可以通过如图4-4所示的三种方式关注员工,了解每个人的优势。

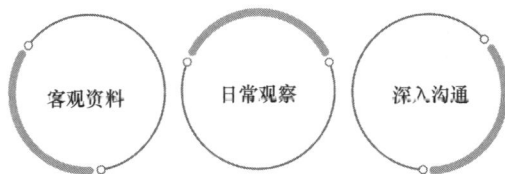

客观资料　日常观察　深入沟通

图4-4 了解员工优势的三种方式

第一,通过客观资料了解每个人的优势。了解员工比较简单的方式就是利用客观资料,例如,员工的个人简历、员工档案、工作经历等。我们可以通过这些客观资料评估员工的能力。例如员工大学期间学的是营销专业,那么我们可以评估该员工有一定的营销知识和技能。但是,客观资料具有一定的历史性,也就是说只有过去发生的事情才会被记录形成资料,所以管理者在借助客观资料了解员工的时候一定要掌握一定的度,避免先入为主、思维固化。

第二,通过日常观察了解每个人的优势。员工的优势其实主要还是体现在日常工作中。例如,在员工跟客户沟通的时候,管理者可以观察员工跟客户的沟通模式,洞察员工的沟通能力和谈判能力。尤其是在安排员工一些具有挑战性的任务时,更能观察员工的优势。所以,管理者平时要善于观察员工,便于从中了解员工的优势。

第三,通过深入沟通了解每个人的优势。深入沟通是了解员工优势的一种比较直接的方式。例如,管理者跟员工面谈的时候可以询问员工:"你认为自己在哪方面的能力较强?哪方面的能力需要提升?"当然,也可以通过提问其他员工来了解员工的优势。例如,可以询问 A 员工:"你认为跟 B 员工合作的过程中,他有哪些能力是你觉得可以学习的?"

以上三种方式可以结合使用,但一定要对员工保持持续关注,这样才能更全面、真实地了解员工的优势。

(2)充分发挥每个人的优势

了解员工的优势后,管理者要做的就是采取最佳方式发挥每个人的优势。只有团队每个人的优势得以发挥,团队才能创造高绩效。

第一,为员工提供发挥优势的平台。

为员工提供发挥优势的平台是指,根据员工的优势为员工安排合适的岗位或工作,让员工可以在工作中充分展示自己的能力。

第二,适时展开针对性的培训。

为了让员工深刻认识自己的优势并在工作中持续发扬,管理者还应当对员工适时展开针对性的培训。

例如,当管理者发现员工对新项目的了解并不深刻时,就可以围绕新项目展开培训,包括项目的具体内容、项目计划、实施流程、目标要求等。

这种针对性的培训可以帮助员工厘清思路,在此基础上他们才能更好地发挥自己的优势。

第三,采取针对性的激励。

采取针对性的激励是指,根据不同员工的不同需求采取不同的激励方式,这种激励方式"对症下药",能激发员工的斗志。员工的需求大致分为两种:一种是心理层面,一种是物质层面。

心理层面:告诉员工"你很重要"。一些员工非常在乎自己在团队中的价值。当他们认识到自己某方面的优势在团队中有不可取代的价值时,便会更有成就感。所以,对于这类员工,管理者一定要告诉他"你很重要"。

例如,"××员工的执行力让我惊叹。虽然这次任务非常艰难,他却比原定计划提前三天完成。这让我们整个团队的工作往前迈进了一大步,也是我们这个月实现团队绩效目标的关键。让我们为他鼓掌!"

物质层面:给予员工物质层面的奖励。给予员工物质层面的奖励是激励员工最直接、最有效的方式。例如,当月业绩排名前三名的员工可以分别获得 500 元、300元、200 元的奖金。

第四,允许员工按照自己的想法去做事。

让员工充分发挥个人的优势就应当允许员工按照自己的想法去做事。员工永远是最懂自己的人,只有他们自己才知道按照哪种方式去做事,才能最大限度发挥自己的优势。当然,允许员工按照自己的想法去做事,并不是完全放手不管。在员工工作的过程中,管理者也要时刻监督,以便及时帮助员工处理问题,让员工可以更顺利地发挥才干。

打造高绩效团队的首要任务是了解并充分发挥每个人的优势,因为只有充分了解并发挥每个人的特长,团队的合力和竞争力才能增强,进而创造出高绩效。为此,管理者应当花更多的时间和精力去了解团队中的每个人,并充分掌握发挥每个人优势的方法和技巧。

> **Tips**
>
> 高绩效团队需要的是合力,因此管理者要充分了解并发挥每个人的优势,更好凝聚起团队的力量。

5. 因才施用,把合适的人放在合适的位置

简单地说,团队管理者的任务就是找到合适的人,然后因才施用,把合适的人放在合适的位置,不断鼓励他们充分发挥自己的优势。

小 A 是一名销售员。前任经理在位的时候,他每天工作都非常有激情,能够为团队带来很多客户,提升团队业绩。但是前任经理离职后,他的工作积极性就下降了,每个月的业绩都在下滑。

原来新上任的经理认为小 A 并不是一名合格的销售,因为他做不出一份完善、清晰的销售报表以及相关市场报告。因此,新上任的经理安排小 A 去学习如何做销售

报表,并且要求小 A 只有先学会做销售报表后,才能去接触客户。小 A 的学历不高,也不太会用计算机,学习做销售报表非常吃力。久而久之,小 A 感到压力很大,也很无奈,只得离职去了另一家公司。跟他一起离开的,还有很多老客户。

案例中的情景其实比较常见。一些管理者会按照自己的主观意识用人,例如案例中的管理者,他认为只有学会做一份完善、清晰的销售报表以及相关市场报告的员工才适合做销售。实际上,这种做法是非常不明智的。团队管理者应当因人施用,根据员工的优势把员工放在合适的位置上,让员工做合适的工作,发挥自己的优势。根据自己的主观意图用人,不但会埋没人才,还会让人才白白流失。

把合适的人放在合适的位置上,有两个关键点一定要注意:一个是清楚地知道团队中有哪些位置,每个位置需要什么样的人才;还有一个是客观评估每名团队成员,帮他们匹配到合适的岗位。

(1)明确岗位职责并编写岗位职责说明书

岗位职责指一个岗位所需要去完成的工作内容以及应当承担的责任范围,是一个具象化的工作描述。明确团队中每个岗位的职责,不但能够帮助管理者了解每个岗位需要什么样的人才,还有助于员工对自己的工作内容、工作要求有更清晰的认识,并以此判断该岗位是否适合自己。

第一步:做好岗位分析。

岗位分析主要包括六个方面的内容。

基本信息:包括岗位名称、所在部门、层级等,例如销售部门的销售专员。

岗位目的:是指该岗位存在的主要目的和价值,例如某销售部门经理岗位的目的之一是根据所负责客户群特点,制定客户跟进方案和销售计划。

主要应负责任:是指该岗位需要承担的责任,例如销售专员的责任之一是向客户介绍产品并成功销售产品。一般来说,岗位的主要责任不超过 10 项。

岗位工作权限:是指根据岗位应负的责任,赋予该岗位相应的权力。例如,某销售部门经理的工作权限之一是具有该销售部门有关工作流程的监督权。

最低任职资格:通常指担任该岗位需要的最低资格和基本素质要求。例如,销售专员的最低学历要求是高中。

工作关系:是指该岗位在企业或团队中的位置,通常可以用图或表格的形式呈现。

第二步:编写岗位职责说明书。

对岗位进行详细的分析后,管理者便可以根据分析结果编写一份岗位职责说明书。

例如,某团队销售人员的岗位职责如下:

忠诚于企业,热爱销售职业,专注于销售工作;

熟悉行业知识、企业知识和产品知识并掌握销售知识与技能;

及时如实地向上级汇报或反馈市场信息;

高标准地为客户提供优质服务和妥善处理客户投诉,以提高客户满意度;

…………

某营销团队策划专员的岗位职责如下:

负责营销策划方案的制定和实施,营销策划方案包括广告推广方案、营销活动方案的编写、媒体推广计划安排等;

进行项目前期策划,负责编制项目开发可行性报告;

负责项目宣传资料的写作,参与各种媒介宣传的创意和执行过程;

…………

从销售人员和策划专员的岗位职责可以看出,不同岗位的岗位职责有所不同,需要的人才也不同。换个角度说,只有明确了岗位职责,我们才能将合适的人放在合适的位置。

(2)对每个人进行准确定位

当管理者明确团队中每个岗位的职责后,下一步要做的是对团队中的每个人进行精准定位,将人与事进行匹配,最终实现把合适的人放在合适的岗位。

团队管理者可以从个人能力、意愿、性格特征以及学习能力等几个方面对员工进行综合评估,以此来确定员工适合什么岗位。

个人能力:个人能力包括员工的专业知识、技能,这是对员工进行精准定位的基础。例如,做美工岗位需要熟练掌握 Adobe Photoshop 技术的员工,那么拥有该技术的员工可以跟美工岗位进行匹配。

意愿:员工意愿也是对员工进行定位需要考虑的因素,但是这一点很容易被管理者忽略。例如,员工在面试的时候意向明确想做一名销售员,但是管理者因为其熟练掌握 Adobe Photoshop 技术便将员工安排在美工岗位,这样做显然并不合适。员工也会因为没有做自己喜欢的工作而产生抵触情绪。

学习能力:不同岗位对员工学习能力的要求也不同。例如,研发岗位对员工学习能力的要求相对来说较高,前台岗位对员工学习能力的要求相对来说较低。所以,对员工进行评估的时候,员工的学习能力也是不可忽视的因素。

性格特征:不同的岗位对员工的性格要求不同。例如,销售岗位需要一些性格开朗、有冲劲的员工,销售后勤岗位需要性格沉稳、有耐心的员工。所以,对员工进行定位的时候也要考虑员工的性格特征。

管理者在为员工匹配岗位的时候,不能仅参考某一个或两个因素,一定要在综合评估的基础上考量应该把员工放在哪个岗位。

完成以上工作,我们也仅仅是迈出了把合适的人放在合适的位置上的第一步。在团队管理中,没有任何事是一劳永逸的,人才和岗位的匹配工作更是如此。首先我们对岗位和人才的初步判断很容易出现偏差,其次无论是岗位还是人才都处在不断的发展变化中,所以要想真正做到把合适的人放在合适的位置上,管理者一定要把这种理念根植在自己的理念中,并持续去做。

Tips

把合适的人放在合适的位置,你会发现人人都是人才。

6. 每位员工都能得到有挑战性的工作

挑战性工作是指具有一定难度和较大价值,需要员工全心投入,积极地发挥创造能力才能完成的工作。这样的工作对员工有以下几个激励作用。

激发潜能。富有挑战性的工作不是能轻易完成的,需要员工投入更多的时间、精力,是需要积极地发挥创造力才能完成的工作。这样的工作在一定程度上能够激发员工的潜能。

增强员工的信心。当管理者将一项具有挑战性的工作交给员工去完成的时候,那么员工会认为管理者承认了他的能力和价值,进而会更加有信心去完成这项工作。

产生成就感和荣誉感。完成一项具有挑战性的工作,是员工创造性劳动的成果,是员工能力和价值的证明,会让员工油然而生一种成就感和荣誉感。

增长知识,提升技能。完成一项具有挑战性的工作不仅能让员工发挥潜能,同时也能让员工学习新的知识和技能。

提高员工的竞争力。当某个员工接受并完成一项具有挑战性的工作时,团队的其他员工也会为想证明自己的能力或价值去踊跃争取有挑战性的工作。所以,有挑战性的工作还能有效激发团队的竞争活力,提高员工的竞争力。

综上所述,团队管理者应该让每一位员工都能得到有挑战性的工作,让员工主动、积极地发挥自己的潜能,看到自己的能力和价值。

那么如何让每一位员工都能得到具有挑战性的工作呢?什么时候给员工安排有挑战性的工作呢?管理者在为员工安排有挑战性的工作时需要注意以下几点。

（1）根据员工的实际能力安排具有挑战性的工作

一些管理者认为，挑战性的工作适合于能力强、追求自我发展的员工。实际上，挑战性的工作对每一个员工都具有一定的激励作用。但是需要注意的是，挑战性是相对的。

例如，A员工是刚入职的新员工，B员工是工作了两年且工作能力较强的员工。某项工作对A员工来说是具有挑战性的工作，但是对B员工来说是一件能轻松完成的工作，不具有挑战性。如果管理者忽视了A员工和B员工的能力差异，主观认为该项工作是一项比较有挑战性的工作，因此便安排给更有经验的B员工，显然是不合适的。

挑战是相对的，挑战性的大小是根据员工个人能力来判定的。所以，管理者在给员工安排挑战性工作的时候，要对照员工的能力和完成该项工作需要的能力来进行判断。

（2）根据员工具体的工作情况安排具有挑战性的工作

给员工安排有挑战性的工作时，也要讲究"天时地利人和"，即要根据员工工作的具体情况来安排有挑战性的工作。否则，挑战性的工作不但不会成为员工的动力，反而会增加员工的压力，让员工没有信心完成任务。

一般来说，在两种情况下可以给员工安排具有挑战性的工作。

第一，员工顺利完成某项工作任务之后。当员工顺利地完成某项工作任务之后，他们对工作已经有一定的积极性和热情，这个时候安排他们做一项具有挑战性的工作，可以进一步激发他们的积极性。

第二，对于工作时间长、经验足的员工，可以适时地安排一些具有挑战性的工作。工作时间长、经验足的员工意味着他们已经能够胜任一般的工作任务，适时地为他们安排一些更具挑战性的任务，可以激发他们的潜能和动力。

同样，管理者要注意在以下两种情况下不宜为员工安排具有挑战性的工作。

第一，新入职的员工。新入职的员工无论是能力还是心态都不够成熟，这个时候如果给员工安排具有挑战性的工作，会让员工误认为管理者在给他"下马威"。对于一些心态不是很好的员工来说，会令他们产生恐惧心理，甚至会让他们想离开这样的团队。

第二，在员工工作压力很大或工作任务艰巨的时候。在员工本身压力就很大或工作任务艰巨的时候，再给员工安排具有挑战性的任务是不合适的，一方面无法让员工发挥自己的真实实力，另一方面会增加员工的负担和负面情绪，不利于提升员工个人和团队绩效。

虽然为每位员工安排具有挑战性的工作可以有效激励员工,但是不能随时随地、无时无刻地给员工安排具有挑战性的工作,而应该讲究"天时地利人和"。只有在合适的时候为员工安排在他的能力范围内的挑战性工作,才能真正激发员工的潜能,增强员工的信心。

💡 **Tips**

越是具有挑战性的工作,越能激发员工的潜能。

7. 授予员工充分的自主决策权

人才赋能,其实就是赋予某个人某种能力和能量。所以,授予员工充分的自主决策权是最简单、直接的人才赋能方式。当员工被授予充分的自主决策权时,他们就能更加充分地展示自己的智慧,发挥自己的潜能。

例如,在某品牌火锅店,员工可以自主决定送给顾客一盘菜、一个西瓜、一瓶饮料以及免单权。在授予员工这些自主决策权后,员工能更好地服务客户,提升客户满意度。

但是,授予员工自主决策权也是一把双刃剑,如果把握不好,很可能会给团队造成一些问题,阻碍团队发展,损害团队利益。所以,管理者在授予员工充分的自主决策时应当掌握正确的方法。

(1)明确哪些决策权可以授予员工

授予员工充分的自主决策权并不是说管理者可以当"甩手掌柜",将一些决策权均授予员工后就什么都不管。这样做会造成两个严重的问题。

第一,员工滥用决策权。当员工对团队的任何事情都拥有决策权的时候,很容易让他们滋生傲慢的心理,出现滥用决策权的情况,进而很可能产生一系列问题。

第二,团队管理混乱。当员工拥有跟团队管理者同等的决策权时,员工便分不清到底谁是管理者,他们到底要听谁的,最终会造成团队管理混乱的局面。

以上两个问题都会严重影响团队的发展,所以,团队管理者在授予员工自主决策权之前,必须要明确哪些决策权可以授予员工。例如,某火锅品牌将赠送顾客菜品、水果、饮料等决策权授予员工。这样有助于员工解决问题,提升工作效率,且不容易出错,即便出错也不会给团队造成损失,这种决策权就可以授予员工。但是,像给消费者一年的免单权这样比较大的权力就不能轻易授予,因为员工一旦行使不当,就容易给公司造成巨大的经济损失。具体要将哪些决策权授予员工,管理者要根据团队的具体情况和员工负责的具体工作来定。

（2）授予并鼓励员工行使自主决策权

团队成员的每一分努力都与团队整体目标密不可分。相较于管理者单纯地做出决策，让员工按照管理者的决策完成任务，更重要的是让团队的每一位成员都能够行使自主决策权，能够独立、自主、高效地运转起来。这才是正确而有效的管理方式。因此，领导要充分授予并鼓励员工行使自主决策权。

公开授予员工决策权。授予员工决策权的时候最好采取公开的方式，这样做一方面可以让员工有荣誉感，进而产生激励作用。另一方面也可以让其他员工明确被授权者有哪些自主决策权，以便他们在工作中给予配合。

鼓励员工行使决策权。管理者要鼓励员工行使主动决策权，让员工充分发挥自己的潜能。例如，在授予员工自主决策权的时候可以说"你可以大胆行使你的决策权，我相信你可以做得很好"。

为了让员工更好地行使自己的自主决策权，管理者在授权的时候还要注意以下两点。

第一，采取"双眼紧盯、双手放开"的行为策略。不少管理者出于对员工的不信任，会在授权的时候"双眼紧盯、双手紧跟"。

例如，某员工为解决客户的投诉，赠送了客户一个小礼品。这时候，管理者立刻上前解释说："很抱歉因为某某问题，我们给您带来了不便，特地为您献上一份小礼物，以表歉意……"

虽然从某个角度看，管理者是在帮助员工解决问题，但是在员工看来，管理者是在干涉自己的决策权。那么下一次遇到类似的事情，员工可能不敢行使决策权，担心自己做不好，或者会因为管理者不信任自己而不愿意行使决策权。如此，管理者授予员工充分的自主决策权以激发员工积极性和潜能的目的就难以达成。

第二，制定约束员工行使自主决策权的规则。如果员工不清楚行使自主决策权的规则，那么很可能因此给团队造成严重损失。例如，员工为了讨好顾客，会赠送每一位顾客小礼品，这样既会增加团队的成本，又会让顾客觉得没有诚意，影响客户的满意度。因此，管理者要想员工能更好地行使自主决策权，还应当制定约束员工行使自主决策权的规则。简单地说，就是让员工知道在什么情况下可以实施自主决策权。例如，在处理客户投诉的时候可以赠送小礼品。

《赋能》的作者斯坦利·麦克里斯特尔（Stanley McChrystal）曾说："无论你在哪个领域，无论你处于哪个领导层级，赋能的观念和技能都是有必要学习的。"授予员工充分的自主决策权时，赋能是最简单的方式，也是管理者有必要学习并实践的管理技能。

授予员工一定的自主决策权,能够使员工主动、积极地为绩效结果承担责任。

8. 培训辅导的"7:2:1 法则"

著名企业管理学家沃伦·本尼斯(Warren G. Bennis)曾提出"贝尼斯定理":员工培训是企业风险最小、收益最大的战略性投资。对员工进行培训不仅是企业收益最大的战略性投资,也是对员工进行赋能,培养员工的一种有效的方式。

但是,培训不是简单地将员工组织在一起,教给员工一些与工作相关的知识就可以。这样形式化的培训只会浪费时间和金钱,并不能帮助员工成长。因此,管理者要想通过培训提升员工的能力就要掌握一定的技巧。培训辅导里有一个法则叫"7:2:1法则",如图4-5所示,该法则可以更加有效地帮助员工提升能力。

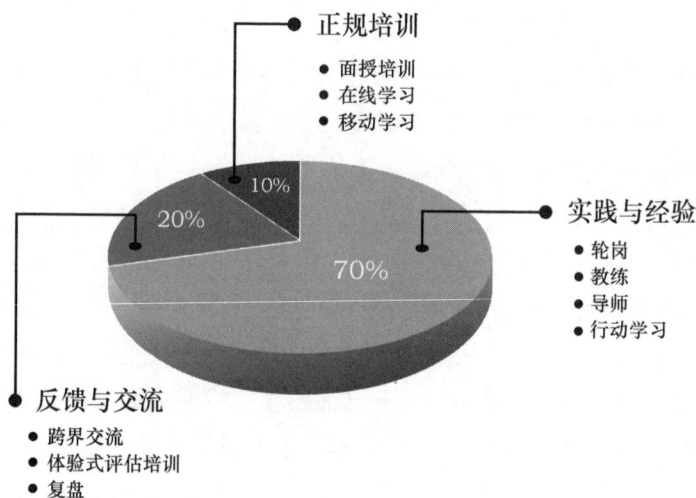

正规培训
● 面授培训
● 在线学习
● 移动学习

实践与经验
● 轮岗
● 教练
● 导师
● 行动学习

反馈与交流
● 跨界交流
● 体验式评估培训
● 复盘

10%
20%
70%

图 4-5 培训辅导的"7:2:1 法则"

培训辅导的"7:2:1 法则"的具体内容如下。

(1)70% 来源于实践与经验

在团队中,员工成长的70%来源于工作实践与经验。团队管理者要想培养员工,提升员工的能力就要懂得让员工学会从实践与经验中积累知识。通过实践与经验培养员工的方式主要有以下四种。

第一,轮岗。轮岗是指交换工作岗位,分为横向轮岗和纵向轮岗两种方式。横向轮岗是指交叉性较大或关联性较大的岗位轮换,这样做能够让员工对团队的整体业务有充分全面的了解,从而更加全面地考虑问题;纵向轮岗是指交叉性小或无交叉的岗位轮换,这种方式适用于组织层级比较多的企业,能够让管理层深入基层业务单元,了解一线员工的工作特点,有助于向上把握战略和相关工作要求,确保方向正确。无论是横向轮岗还是纵向轮岗,都可以让员工学习到更多的知识和技能。

第二,教练。团队管理者应当成为员工的教练,通过传授一系列的技巧和方法,让员工积极地展开实践,并教会员工从经验中学会成长。

第三,导师。团队管理者还应当成为员工的导师,跟员工积极地探讨工作中遇到的问题,发表自己的想法和意见并聆听员工的看法,让员工可以在实践中获得知识,总结经验,不断成长。

第四,行动学习。行动学习是指管理者在一个专门以学习为目的的背景环境中,以团队面临的重要问题为载体,员工通过对实际工作中的问题、任务、项目等进行处理,从而达到提升员工能力的目的。

在实践与经验中学习,对于需要积累大量工作经验的岗位人才培养尤其有效。

(2)20%来源于反馈与交流

员工能力的提升有20%来源于反馈与交流,需要员工在团队中去看、去听、去问,收集各种看法和想法,总结、整合成自己的知识。管理者要想通过反馈与交流的形式提升员工的能力,主要可以采取以下三种方式。

第一,跨界交流。跨界交流是指与经营性质不同的行业进行交流。当然,不同岗位、部门也属于跨界。跨界交流可以让员工吸收更多新的想法和知识,有助于激活员工的思维,让员工获得新的知识和技能。在实际工作中,管理者要为员工提供跨界交流的机会,如举办跨界活动,并鼓励员工交流彼此的想法。

第二,体验式评估培训。体验式评估培训是一种富有挑战性的培训方式。其形式主要有仿真练习、组织练习、组织活动。例如,针对团队某个问题让员工进行互动交流。在这样的互动交流中,员工就可以学习到更多的知识。

第三,复盘。复盘是结合过去的工作、存在的问题或者外界的反馈,从交流中获取信息并进行总结,最终得出经验。这也是员工提升能力的一种常见且极为有效的方式。所以,在员工完成某项工作、团队进行某项活动或某个会议结束后,管理者可以要求员工进行复盘,在总结经验的同时不断成长。

(3)10%来源于正规培训

员工的成长有10%来源于正规培训。这个比例相对上面两种来说比较少,因此会令一些管理者产生这样的疑问:"既然正规培训对员工成长的影响力只有10%,且成本非常高,那么正规培训还有必要吗?"

当然有必要。因为正规培训能够按照团队发展需求塑造员工,这样员工才能更好地为团队创造绩效。因此,管理者不仅要组织正规培训,还需要花一定的时间和精力研究出有效的培训形式。通常来说,管理者可以采取以下三种培训形式。

第一,面授培训。面授培训是常见的培训方式,指培训师面对面对员工进行培训。培训师可以从外界聘请专业的人士,也可以由团队管理者担任,只要能够授予相关的知识即可。

第二,在线学习。互联网时代,员工更青睐在线学习。所以,管理者可以为员工安排一些在线学习培训。例如,通过直播形式进行培训。

第三,移动学习。移动培训是指通过手机、平板电脑等移动终端学习。新时代的员工对手机、平板电脑的需求非常大,花在上面的时间也比较多,而且使用起来比较便捷。因此,管理者也可以适当采取这样的方法。例如,将培训课程录制成视频形式,员工随时随地都可以学习。

"7:2:1 法则"的核心是员工要学会通过实践与经验、反馈与交流以及正规培训,不断提升自身能力。而管理者要将这种意识传达给员工,让他们学会进行自我管理,通过不断地学习、成长,练就过硬的工作能力。在这个过程中,管理者要努力成为员工学习和成长的监督者、支持者、促进者和资源提供者。

> 💡 **Tips**
>
> 培训辅导的重点在于引导员工从过去的经验中总结、反思、提升,不断取得新进步。

9. 工具：贝尔宾团队角色理论、DISC 个性测验、GROW 模型

工具一：贝尔宾团队角色理论

贝尔宾团队角色理论是剑桥产业培训研究部前主任梅雷迪思·贝尔宾(Meredith R. Belbin)博士和他的同事们经过多年在澳洲和英国的研究与实践后提出的。贝尔宾团队角色理论是指一支结构合理的团队应该由八种角色组成,后来修订为九种,如图 4-6 所示。

第一种:智多星。

智多星思维活跃、创造力强,在团队中充当创新者和发明者的角色,可以为团队的发展出谋划策。这类角色通常会跟团队其他成员保持距离,喜欢凭借自己的能力

图 4-6　贝尔宾团队角色

独立完成工作任务。他们的想法比较激进,因此常常会忽略想法实施的可能性。

第二种:外交家。

外交家是交际能力比较强的角色,他们性格开朗、热情,行动力强,善于与人交流。虽然他们没有很多自己原创的想法,但是他们在积极听取别人想法的时候效率很高,所以他们善于发现可以利用的资源,把握发展机会。而且由于他们的性格比较开朗,所以在团队中是比较受欢迎的角色。但是,这类角色如果没有受到持续的激励,他们的热情也会很快消退。

第三种:审议员。

审议员是做事严谨、理智、态度严肃的角色,他们对任何事情都不会过分热情。他们做事倾向于三思而后行,不会拍脑袋做决策,所有决策都是深思熟虑后做出的。因此具有审议员特征的员工所做出的决策一般不会出错。

第四种:协调者。

协调者成熟、自信且值得信赖,最突出的特征就是他们能够凝聚团队的力量,让团队成员朝着共同愿景前进。在与人交往中,他们擅长的是快速识别对方的优点,并且能知人善任来协调推进工作。虽然协调者在团队中并不算最聪明的人,但是他们有远见,并且能够获得团队成员的认可和尊重。

第五种:鞭策者。

鞭策者是渴望成功、充满斗志、精力充沛的角色。他们通常非常有进取心,性格较外向,拥有强大的自我驱动力。他们勇于挑战别人,并且始终关心结果。在团队中,他们喜欢领导并激励团队其他成员行动。在行动中如果遇到困难,他们也会积极找出解决问题的办法。但是鞭策者对人际关系不是十分敏感,他们喜欢争辩,这决定了他们在团队中是具有较大竞争性的角色。

第六种：凝聚者。

凝聚者是性格温和、擅长人际交往、懂得关心和支持他人的角色。他们的灵活性非常强，能够适应不同的环境。凝聚者还是团队的最佳聆听者，因此他们在团队中非常受欢迎。但是他们在工作上比较敏感，遇到问题时往往会优柔寡断。

第七种：执行者。

执行者是有强烈的自我控制能力及纪律意识的角色，是实用主义者。他们偏好努力工作，并且能系统化地解决问题。现实中，执行者是典型的将自身利益与团队紧密联系在一起，且较少关注个人利益的角色。但是，执行者往往因为缺乏主动而失去灵活性。

第八种：完成者。

完成者是坚持不懈、注重细节的角色。他们不太会去做他们认为完成不了的任何事情。一般来说，大多数完成者的性格都较内向，他们会不断进行自我激励，不太需要外部的激励或推动。当他们无法忍受那些工作态度随意的人，也不太喜欢委派他人为自己工作，他们更倾向于自己来完成所有任务。

第九种：专业师。

专业师一般做事专注，是会为自己获得的专业知识和技能而骄傲的角色。他们首要专注于维持自己的专业态度以及对专业知识的不断探究。但是由于专业师将绝大多数注意力都集中在自己的领域，往往会导致他们对其他领域了解甚少。最终只会成为对专一领域有贡献的专家。

一支结构合理的团队应该由以上九个角色组成，因此，管理者要想打造一支高绩效团队，在选拔人才或培养人才的时候就要关注以上问题。

工具二：DISC 个性测验

DISC 个性测验（D：Dominance，I：Influence，S：Steadiness，C：Compliance）是国外企业广泛应用的一种人格测验，用于测查、评估和帮助人们改善其行为方式、人际关系、工作绩效、团队合作、领导风格等。

DISC 个性测验由 24 组描述个性特质的形容词构成，每组包含四个形容词，这些形容词是根据支配性（D）、影响性（I）、稳定性（S）、服从性（C）和四个测量维度以及一些干扰维度来选择的，要求被测试者从中选择一个最适合自己和最不适合自己的形容词。DISC 个性测验，如图 4-7 所示。

例如：

请在以下每一组词中选择一个最接近于你（最适合描述你）和一个最不接近于你

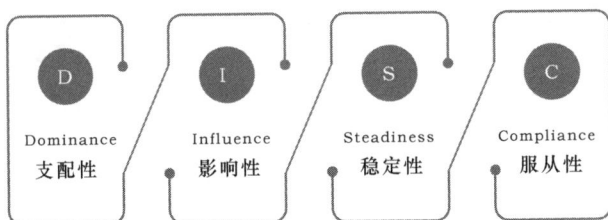

图 4-7　DISC 个性测验

(最不适合描述你)的词,在后面相应的括号中打钩。这不是好坏的评价,不是应该如何,而是对自己的客观描述。24 组词是相互独立的,每一组都要回答,不要有遗漏。谢谢合作。

　　　　最接近　最不接近
温　柔　[　]　　[　]
说服力　[　]　　[　]
谦　卑　[　]　　[　]
独创性　[　]　　[　]

管理者使用 DISC 个性测验测试员工个性的时候,可以采取上述的形式设计问卷。通常来说,DISC 个性测验不限定时间,整个测试大约需要十分钟左右。员工可以采取纸笔作答或是在线作答,具体操作流程如下。

第一,根据预定的参加测试的人数选择合适的测试地点,例如会议室。考试环境要确保安静、整洁、光线好。

第二,准备测试需要的材料。如果采取纸笔作答的形式则需要准备问卷、铅笔、橡皮擦,确保每位被测试者都有完整的考试工具。

第三,通知被测试者测试时间,测试当天安排被测试者入场,并宣布测试注意事项。

第四,检查被测试者完成所有题目后,收回问卷,测试结束。

管理者可以通过 DISC 个性测验更加全面地了解员工的个性,进而可以更好地选拔和培养人才。

工具三:GROW 模型

GROW 模型是一个引领员工更好地做出决策的地图,它提供了一种简单易行的方法来帮助员工在工作的各个方面创造专注,尽可能地减少干扰,以最终实现提升。GROW 模型,如图 4-8 所示。

简单地说,GROW 模型是辅导员工的一个工具。管理者对员工进行辅导的时候

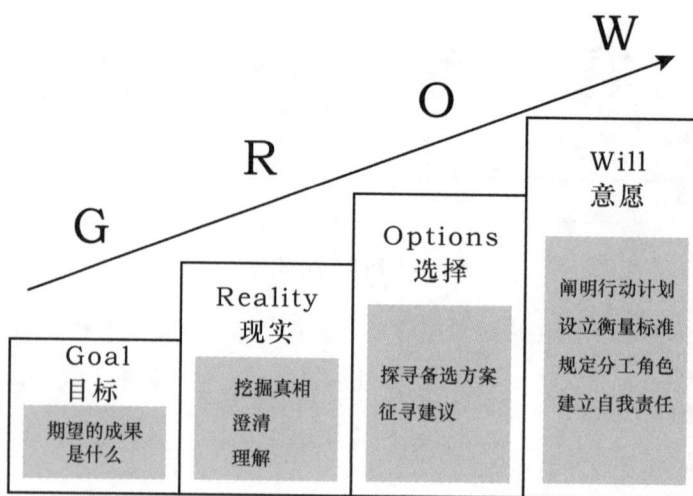

图 4-8　GROW 模型

可以按以下四个步骤进行。

G（Goal）：目标，员工期望达成的成果。管理者对员工进行辅导的时候，要帮助员工确立目标。这个目标可以是业绩目标，也可以是日常工作中的小目标。

R（Reality）：现实，是指当下发生的实际情况。管理者对员工进行辅导的时候一定要让员工澄清当下的实际情况，便于自己挖掘真相，了解客观事实。

O（Options）：选择，在了解客观事实的情况下，管理者下一步要做到的是征询员工的建议，跟员工一起探寻解决问题的备选方案。

W（Will）：意愿，是指接下来要展开行动。管理者跟员工一起探寻解决问题的方案后，接下来就要鼓励员工行动起来。在这个阶段，管理者要跟员工一起设立衡量目标达成的标准、明确员工角色及任务，并要求员工树立责任感，做好自我管理。

GROW 模型的本质是帮助员工改进行为、提升绩效。在日常的管理实践中，管理者可以采取 GROW 模型帮助员工提升绩效。

第五章　绩效突破：培养团队的核心战斗力

团队的核心战斗力来源于不断地实现绩效突破，创造高绩效。要实现这一点，就必须建设一个完善的团队内部绩效支持系统，帮助团队制定具有激励性的绩效目标，并将绩效目标落入实地。

1. 制定绩效目标并分解目标

制定绩效目标是实现绩效突破的基础和关键环节。如果没有明确的绩效目标，不仅绩效考核无从谈起，更谈不上管理者对员工进行绩效辅导，提升团队绩效。制定有效的绩效目标应当注意以下两方面问题。

第一，明确绩效目标的来源。

团队的绩效目标来源于部门的绩效目标，部门的绩效目标来源于公司的年度经营目标，公司的年度经营目标来源于公司的战略目标，公司的战略目标来源于企业的愿景、使命。如果是小型团队，那么团队的绩效目标则来源于团队的使命、愿景。所以，团队管理者应当根据上一级部门的绩效目标并围绕本部门的具体情况，制定本部门/团队的绩效目标。

第二，遵循目标制定的 SMART 原则。

制定任何目标都必须遵循 SMART 原则（S = Specific、M = Measurable、A = Attainable、R = Relevant、T = Time-bound），否则制定的目标是无效的。管理者在制定绩效目标的时候应当遵循，如图 5-1 所示的 SMART 原则。

S（Specific）代表具体，是指绩效目标必须是具体的，要用明确的语言清楚地阐明团队成员要达成的行为标准。

例如，绩效目标是"提升客户满意度"。这个目标就是不具体的，因为提升客户满意度的具体方法有很多，如"采用规范的服务流程""将客户投诉率从原来的 5% 降低到 2%"等。

图 5-1　SMART 原则

M(Measurable)代表可衡量,是指绩效目标必须是可以衡量的,是数量化或行为化的,验证目标的数据或者信息是可以获得。如果制定的绩效目标无法衡量,我们就无从去判定这个目标是否实现。

例如,绩效目标为"进一步提高团队的绩效成绩"。这个目标就是不可以衡量的,因为我们不知道"进一步"到底是进多少。准确地说,应该是在什么时间段提升多少绩效成绩,如"在一个月内让销售额突破 12 万元"。

目标的可衡量标准首先可以从数量、质量、时间、成本、上级或客户的满意程度等五个方面进行衡量。如果仍不能衡量,可以将完成目标的工作流程化,通过流程化使目标变得可衡量。

A(Attainable)代表可实现,是指绩效目标在付出努力的情况下可以实现,避免设立过高或过低的标准。

例如,某销售团队的每月绩效目标为 12 万元的销售额。制定目标后的 3 个月,团队每个月的销售额都在 8 万元左右,离绩效目标还有一段距离。这就说明"12 万元的销售额"这个绩效目标是不能实现的。久而久之,容易降低员工的工作积极性和热情。同样,过低的绩效目标也会降低员工的积极性和热情。试想这个团队把每月的绩效目标定为 7 万元的销售额,那么他们很容易就能完成。这样的绩效目标就没有激励性,同样无法激发员工的激情。

此外,管理者在制定绩效目标的时候,要让全体员工参与进来,根据团队的实际能力制定出让员工"跳一跳"就能够得着的绩效目标。

R(Relevant)代表相关性,是指绩效目标要与工作中的其他目标相关联。如果实现了绩效目标,但是与工作中其他目标完全不相关或关联性不大,那么该绩效目标就没有意义。

例如，做国际贸易的销售专员学习英语是为了跟国外客户更好地交流，这与提升销售团队的绩效目标有关联。但若是要求销售专员学习编程技术就比较跑题了，因为员工掌握编程技术跟提升销售关联度非常低。

因此，制定绩效目标的时候，管理者要认真审视工作中的每一个环节，要从本职工作出发，制定与工作实际相关联的绩效目标。

T（Time-bound）代表时限性，是指达到绩效目标的特定期限。

例如，团队要在 11 月 30 日之前完成新项目策划。11 月 30 日就是一个确定的时间限制。

没有时间限制的绩效目标是无法进行考核的，或者容易带来考核的不公，影响上下级关系。因为上下级对绩效目标的认识是不同的，也许在上级看来这个绩效目标必须尽快实现，但是下级极有可能认为并非如此。这个时候就很可能引发矛盾，让员工认为考核不公。为此，管理者在制定绩效目标的时候一定要设置具体的时限，且要根据绩效目标的难度、事情的轻重缓急，在时限上有所区别。总之，一个有效的绩效目标必须要遵循以上五个原则，且缺一不可。但仅仅制定绩效目标是不够的，还应当对绩效目标进行分解，让绩效目标可以落实到团队的每个环节和每名成员。

绩效目标分解遵循的是自上而下原则。公司要将整体战略目标分解成各个部门的绩效目标，部门的绩效目标要分解为团队的绩效目标，团队管理者要根据员工的岗位职责和能力，将团队目标分解到员工个人身上。所以，绩效目标分解是一个自上而下、层层分解的过程。

在制定绩效目标与分解目标的过程中，管理者一定要与员工深入沟通，使员工认同团队绩效目标和个人绩效目标。只有这样，才能确保绩效目标的有效性，确保团队成员会为实现目标而努力。

⌯ **Tips**

想要目标变得简单并得以实现，就必须学会分解目标。

2. 落实到人：确保任务明确，责任清晰

绩效目标的分解遵循的是自上而下原则，团队管理者应当将团队的绩效目标落实到人。这里的"落实到人"其实就是确保团队的绩效目标被分解到团队每一个人身上，并且任务明确，责任清晰。

团队绩效分解到每一个人身上并不是简单地将团队的绩效目标平均分配，而是

要根据员工的岗位职责和能力进行分配,且要让员工清楚地知道他们的任务是什么,他们需要承担哪些责任。唯有这样,才能确保将团队的绩效目标落实到人,促进团队绩效目标达成。

（1）细化团队绩效目标,让每一个小目标都关联工作任务

团队绩效目标分解得越细化,落实到员工身上的任务就越明确,责任就越清晰。因此,在分解团队绩效目标的时候,管理者要将跟团队目标关联的小目标都找出来。小目标都找出来后,可以根据目标的性质和内容关联员工的工作任务。

例如,营销总监的绩效目标是提升销售收入,那么销售经理的业绩目标就是提高区域的销售收入以及提高客户满意度,销售专员的业绩目标则是具体的销售收入、开发客户、拜访客户、服务客户、减少客户投诉等。

再以拜访客户为例,这个目标还可以细分。例如,明确员工每天（每周、每月）要通过什么样的形式,如何拜访客户以及拜访频率。

这样细化的绩效目标才能够确保分解到员工身上的任务明确,责任清晰,也更能支撑团队绩效目标的实现。所以,管理者在分解团队绩效目标的时候,要尽可能多地找出与团队绩效目标关联的小目标。

（2）根据员工的岗位职责和能力分解绩效目标

细化团队绩效目标后,下一步要做的是根据员工的岗位职责和能力分解绩效目标,让团队每一位成员都清楚个人要达成哪些绩效目标,要为实现这些绩效目标做什么事,担负哪些责任,且确保员工有能力完成这些任务。

在第四章的第五节中我们提到为了因材施用,把合适的人放在合适的位置,需要明确岗位职责并编写岗位职责说明书。在分解团队绩效目标,将绩效目标落实到人的时候,就可以参考岗位职责说明书以及员工在工作中的实际表现和能力,将团队的绩效目标分解给团队每一位成员。

例如,销售团队制定的月度绩效目标是团队要完成 10 万元的销售额。A 员工是销售专员,根据其岗位职责及能力需完成 2 万元的销售额。

这样团队的绩效目标就可以合理、清晰地分解到团队每个人的身上。为了进一步确保团队每一位成员都明确自己的任务,清楚自己应担负的责任,管理者还应当组织会议、找员工面谈,或者以文件或邮件的形式,将团队每个人的绩效目标,要完成的任务以及应担负地责任明确地传递给员工,确保团队每个人都知道自己要做什么。

（3）考虑员工对绩效目标是否可控

在对绩效目标进行分解的时候,管理者还应当考虑到绩效目标是否可控。

例如,团队的利润率。团队的利润率通常不是员工能控制的。团队的利润率涉

及管理费用、采购成本、研发成本、生产成本等,所以这样的绩效目标是员工个人无法承担的,需要管理者来承担,或者说需要整个团队来承担。但是,像销售收入、销售毛利这样的绩效目标就是员工个人可以控制的。

所以,管理者在对绩效目标分解,将绩效目标落实到人的时候,还要确认绩效目标是否是员工个人可以控制的。否则,不但员工个人的绩效目标无法实现,会降低员工的工作积极性和动力,还会影响团队整体绩效目标的实现。

绩效目标分解的最终目的就是让团队每位成员清楚自己的工作任务,明确自己承担的责任,因为只有确保团队成员清楚自己的任务和责任,员工的方向才能明确,团队的绩效目标才有望达成。所以,团队管理者在分解绩效目标的时候需要掌握一定的策略和技巧,确保任务明确,责任清晰。

> **☀ Tips**
>
> 确保人人都有明确的任务和责任,是实现目标的前提和关键。

3. 分析目标达成策略,并制定工作计划

员工明确自己的任务,清晰自己的责任并不意味着他们一定知道自己要怎么完成任务,如何承担责任。因此,为了确保员工能够采取正确的策略展开行动、完成任务、承担责任,促进绩效目标达成,管理者就应当与员工一起分析绩效目标达成的策略,并制定工作计划。这样员工才知道自己要采取什么样的策略去实现绩效目标,并且会将这些策略付诸每日的具体行动中。

(1)分析目标达成策略

分析目标达成策略可以按照图 5-2 所示的四个步骤进行。

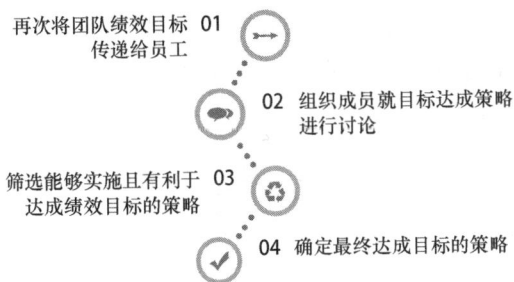

再次将团队绩效目标 01　传递给员工

02　组织成员就目标达成策略　进行讨论

筛选能够实施且有利于 03　达成绩效目标的策略

04　确定最终达成目标的策略

图 5-2　分析绩效目标达成策略的四个步骤

第一,再次将团队绩效目标传递给员工。

在上一节中我们提到,对绩效目标进行分解的时候要跟员工进行深入沟通。实际上,这个时候员工对团队的绩效目标已经有一定的认识。但是由于种种原因,难免会有一些员工对团队绩效目标认识不深刻。当员工对绩效目标认知不深刻的时候,再谈绩效目标达成策略就不太实际。所以,在分析目标达成策略之前,管理者还应当将团队绩效目标以及分解的个人绩效目标清晰地传递给团队每位成员。

第二,组织成员就目标达成策略进行讨论。

这个环节其实就是集思广益。管理者可以组织员工对达成团队的绩效目标展开详细、具体分析,并鼓励员工大胆发表自己认为可行的达成绩效目标的策略。

第三,筛选能够实施且有利于达成绩效目标的策略。

员工提出的达成目标的策略没有对错之分,但是并非每一位员工提出的策略都是可以实施且有利于达成绩效目标的。

例如,某员工提出团队每位员工都去国外进修专业知识和技能。这个策略没有错,当团队成员的知识和技能得到了提升,绩效目标自然能够实现。但是对于一个不到 10 个人的小团队而言,这个策略的成本就过大,很难实施。

所以,在员工提出达成目标的策略后,管理者还要根据团队的实际情况对策略进行筛选,筛选出可以实施且有利于达成绩效目标的策略。

第四,确定最终达成目标的策略。

将策略筛选出来后,还要进行最后一轮讨论,以进一步核查策略是有效的,有利于促进团队业绩目标实现。确认无误后,便可以确定最终达成目标的策略。然后,管理者还要向团队成员清晰地传递目标达成的策略。

(2)制定工作计划

分析目标达成策略并确定目标达成策略并不意味着员工可以明确、清晰地开展工作。通俗地说,上次的策略只是上级的工作目标,这个目标要如何实现在于是否制定了明确、具体的工作计划。所以,管理者在分析目标达成策略后,还要帮助员工制定明确、具体的工作计划,明确由谁在什么时候完成什么任务,让策略真正地落地。

例如,团队的绩效目标是业务收入达到 50 万元。具体策略:

提高业务员活动率;

加强业务培训;

开展小区促销;

…………

员工的工作计划:

每位客户经理每天拜访客户 25 人;

每周一进行一天业务培训;

成立业务小组,对目标小区分别进行 5 天设摊促销,在下半个月完成……

…………

具体来说,一个明确、具体的工作计划要具备五个要素,也就是我们常说的"5W1H 分析法",如图 5-3 所示。

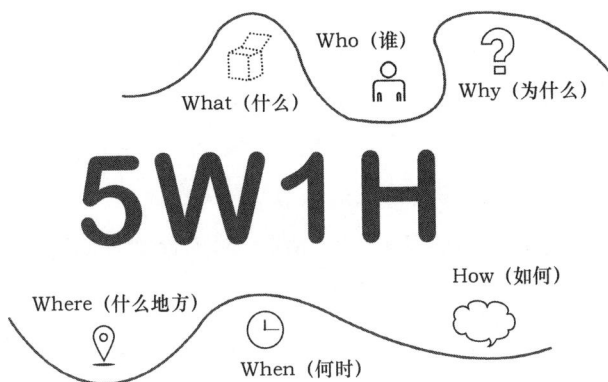

图 5-3　5W1H 分析法

What(什么):指达成目标策略所需要做的事情。例如,要提高业务员活动率需要做的事情是每天拜访 25 个客户。

Who(谁):指谁来做这件事。例如,每天拜访客户这件事由客户经理来做。

Why(为什么):指为何要做这件事。例如,客户经理每天拜访客户是为了提高活动率,提高活动率是为了实现业务收入 50 万元的团队绩效目标。当员工明确自己为什么要做这件事的时候,他们便能知道自己存在的价值和意义,进而才能更有动力去完成任务。

Where(什么地方):指要在什么地方完成任务。例如,每天具体在什么地方拜访客户,客户经理应该跟客户商量好。可以在客户办公地,也可以约在一个公共场合。

When(何时):指要在什么时候完成任务,这也是制定计划的关键。例如,每周一进行一天业务培训,每周一就是一个明确的时间。时间越明确越利于完成计划。

How(如何):指如何完成计划。如何完成计划是指员工将采取何种策略完成自己的工作计划。这就要根据员工的岗位职责、能力和员工喜欢的工作方式来定。例如,拜访客户,有的员工喜欢通过电话拜访,有的员工则喜欢面对面拜访。

明确以上五个因素后,管理者还要制定一个执行计划表。例如,某公司项目执行计划见表 5-1。

表 5-1 某公司项目执行计划表

序号	项目内容	相关部门	责任人	开始时间	结束时间	完成天数	日期:×月						
							1	2	3	4	5	#	#
1	现场勘测	设计部											
2	方案修改及确认												
3	项目拆单交接												
……	……												

上表是团队整体的项目执行计划表,员工也可以根据自己负责的工作制定个人工作计划表。这样团队每个人都可以清楚自己的工作任务以及完成要求,进而有条不紊地对照推进,促进团队高绩效目标的达成。

绩效目标得以实现的关键在于员工能清楚、明确地知道自己在什么时候要完成什么工作任务。所以,制定绩效目标只是实现绩效目标的初始工作,分析目标达成策略并制定详细、具体的工作计划,才是实现绩效目标的关键,也是管理者需要重视的环节。

Tips

如果没有明确的工作计划,实际绩效目标就是纸上谈兵。

4. 跟踪和检查各项工作任务,确保员工方向正确

跟踪和检查各项工作任务的目的是确保团队所有员工都能朝着实现团队绩效目标的方向前进。

某家企业曾做过一项调查,调查结果显示,员工大体可以分为三大类:20%的员工属于优秀的员工,他们精明能干,能够积极主动地完成自己的工作任务;60%的员工有一定的执行力,但是他们需要管理者的督促才能完成工作任务;剩下的20%的员工执行力较差,无法独立完成管理者安排的工作任务,甚至会影响整个团队的工作效率。

从这家企业的调查结果可以看出,绝大多数员工需要管理者的监督、检查和督促来完成工作。此外,监督和检查和及时督促还可以帮助管理者解决以下三个环节的问题。

第一,发现偏差。对员工的工作任务进行跟踪和检查,便于管理者发现员工的工作与原定计划、进程、绩效目标之间是否存在偏差,进而可以帮助员工纠正偏差,按照

原定计划顺利地完成任务。

第二，处理协作问题。有效的监督和检查可以发现并及时解决员工的沟通与协作问题，有助于提高员工个人能力或工作意愿，让团队更加和谐、高效地运作。

第三，解决事物问题。如果管理者不对各项工作任务进行监督，当员工出现问题的时候，管理者就只能看到问题的表象，却很难知道产生问题的根本原因是什么。当管理者不清楚问题的症结时，便难以在短期内尽快改善员工行为，提升绩效，更难找到彻底解决问题的方案。但当管理者对各项工作任务进行跟踪和检查时，便能够了解员工发生问题的原因，探究问题的本质，进而更加容易找到尽快改善员工行为、提升绩效的方案，甚至可以找到彻底解决此类问题的办法。

总的来说，监督和检查可以帮助员工及时发现问题，纠正偏差。但是，监督和检查并不是指管理者要时刻盯着员工的工作，这样会增加员工的心理负担，降低员工的积极性和主动性。所以，跟踪和检查也要掌握一定的技巧。

（1）根据工作计划对进度和关键节点进行跟踪和检查

监督员工的工作并不需要时刻在员工的岗位走动，管理者完全可以根据之前制定的工作计划，有针对性地对员工的工作进度和关键节点进行过问。

首先，管理者可以将团队员工的工作计划表储存在电脑里或者打印出来放到档案袋，然后每天对照员工的计划表，查看员工是否按照计划表的进度推进工作任务。

其次，管理者可以对照进度表上的关键节点，就工作任务进行监督和检查，确保员工在方向上没有偏差。工作中关键节点一般是根据具体工作的任务而定的。有的是根据时间划定工作任务的关键节点，如项目执行一半的时候或项目结束的时候；有的是根据任务执行流程划定关键节点，如销售员跟客户面对面沟通之后。

例如，某位员工的工作计划是 11 月 20 日下班前完成项目计划书并提交。这就是根据项目的结束时间划定的关键节点，管理者可以在这个节点监督和检查员工的任务完成情况。

当管理者发现员工的工作进度跟不上或工作方向出现偏差的时候，就需要跟员工进行沟通，了解员工为何会跟不上进度，出现偏差，以及是否需要管理者的帮助。如果员工需要帮助，那么管理者要及时为员工提供帮助和资源，确保员工可以按照工作计划顺利地完成工作任务。

（2）根据工作要求对细节跟踪和检查

按照工作计划对进度和关键节点进行跟踪和检查，可以确保员工在大方向上不出问题，能够按照原定计划推进任务。但是，仅仅是完成任务还不够，高绩效团队要的是员工能够高质量地完成好任务。因此，管理者不仅要根据员工的工作计划对进度和关键节点进行跟踪和检查,还要根据工作要求对细节和流程进行把关。

例如,某编辑部门的工作要求如下:

表达流畅、结构清晰;

避免口语化,语言得体、严谨;

把握内容导向;

……………

编辑部的管理者可以对照工作要求定期进行检查,这个定期可以是工作任务的关键节点,也可以是管理者跟员工约定的时间或者每个工作日。通过与工作要求对照,管理者能够清楚地知道员工的工作是否达到了要求。如果管理者发现员工某个工作细节没有做到位,可以及时为员工提供反馈并帮助员工改进,确保员工可以保质保量完成工作任务。

管理者除了可以主动采取措施对员工的工作任务进行监督外,也可以要求员工主动、积极反馈工作计划的进度及遇到的问题,这样更有利于团队好的发展和绩效提升。

检查和监督可以有效帮助员工解决实现目标中遇到的各种问题,确保员工可以朝着正确的方向前进,但是前提是要采取正确的方式并按规范的流程进行。

☀ Tips

跟踪、检查各项工作任务的目的,是确保工作方向正确,而不是为了监控员工。

5. 建设团队内部绩效支持系统

团队内部绩效支持系统是指通过绩效管理工具,将团队战略目标逐级分解到岗位,使得团队的战略目标转化为切实可行的工作任务。通过绩效支持系统,还可以实现战略目标的实时监测和管控,有利于战略目标及时调整、优化,确保团队绩效目标的达成。

为什么要建设团队内部绩效支持系统? 具体有以下四点原因。

第一,传递压力,聚焦团队目标。通过对团队绩效进行管理,使团队的战略目标在员工中达成共识,再通过层层分解、传递,引导全体员工为整体目标的实现和团队的可持续发展而努力。

第二,强化责任、塑造职业行为。通过持续的绩效管理循环,使团队的每个员工,特别是管理者能够自觉、有效地承担起自己的责任,按职业化要求尽职尽责地完成任务。

第三,科学决策、提供公正待遇。考核结果作为岗位调整、等级升降、档次进退、奖励分配的重要依据,使得员工的贡献能够得到科学、公正、公平的评价和回报。

第四,改进绩效,促进员工发展。通过员工绩效评价和沟通反馈,为员工的绩效改进、培训计划制定提供参照。同时可以强化各级管理者指导、教育、帮助、约束与激励员工的责任,不断地改进团队绩效、促进员工发展。

那么如何设计一个有效的团队内部绩效支持系统呢?

(1)明确团队内部绩效支持系统的出发点和目的

团队内部绩效支持系统的设计应当从实现团队的战略目标出发,以提升绩效为目的。具体来说,团队内部绩效支持系统的出发点和目的,如图5-4所示。

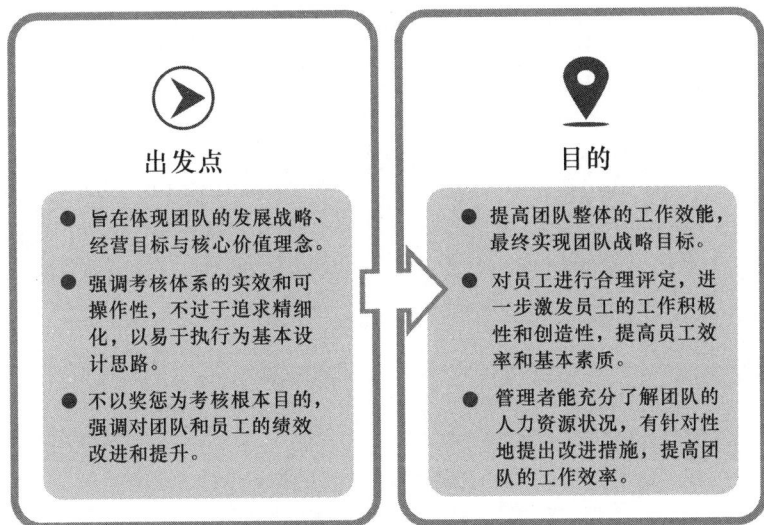

出发点

- 旨在体现团队的发展战略、经营目标与核心价值理念。
- 强调考核体系的实效和可操作性,不过于追求精细化,以易于执行为基本设计思路。
- 不以奖惩为考核根本目的,强调对团队和员工的绩效改进和提升。

目的

- 提高团队整体的工作效能,最终实现团队战略目标。
- 对员工进行合理评定,进一步激发员工的工作积极性和创造性,提高员工效率和基本素质。
- 管理者能充分了解团队的人力资源状况,有针对性地提出改进措施,提高团队的工作效率。

图5-4 团队内部绩效支持系统的出发点和目的

明确团队内部绩效支持系统的出发点和目的,我们才知道应该朝着哪个方向制定团队内部的绩效支持系统。

(2)清楚团队内部绩效支持系统的设计思路

科学的团队内部绩效支持系统设计思路是从团队目标和战略开始,通过关键成功因素分析和关键绩效指标分解,把团队的各个岗位目标与团队整体发展战略联系起来。

关键成果因素是指对团队成功起到关键作用的因素,关键成果因素分析就是指通过分析找出使得团队成功的关键因素,然后再围绕这些因素确定系统的需求并进行规划。

关键绩效指标是指从关键成功因素中提取出的指标,关键绩效指标分解就是指将这些指标分解到各个岗位,落实到每位员工身上。

绩效支持系统的设计思路就是从企业目标和战略开始,通过关键成功因素分析和关键指标分解把目标分解到部门和岗位,从而把岗位目标与企业整体发展战略联系起来,整体设计方案,如图5-5所示。

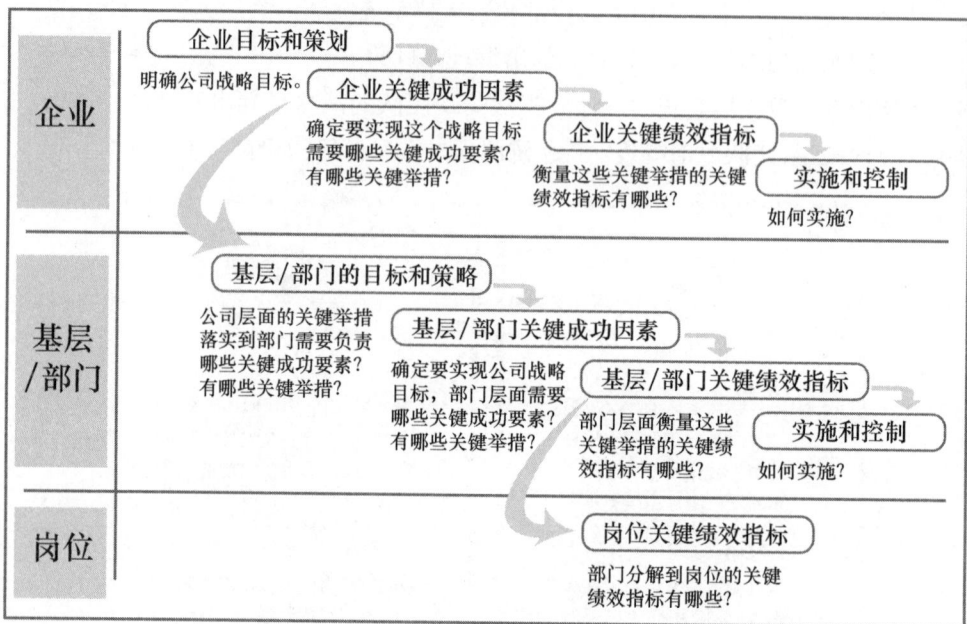

图5-5 企业内部绩效支持系统的整体设计方案

这样设计出来的绩效支持系统才是完善的、系统的,能够让整个公司上下一致,朝着战略目标前进。

(3)团队内部绩效支持系统的设计要遵循的原则

团队内部绩效支持系统的设计只有遵循如图5-6所示的七个原则,才能确保方案切实可行。

原则一:公开性原则,绩效支持系统的考核标准、程序、方法、时间等都要予以公开,使考核具有透明度。否则,容易因为不公而引发内部矛盾,导致绩效支持系统无法顺利进行。

原则二:客观性原则,是指绩效考核要做到以事实为依据。

原则三:开放沟通原则,是指考核人和被考核人要开诚布公地进行沟通与交流。

考核的标准、程序、方法、时间等
予以公开，使考核具有透明度

公开性原则

强制分布原则

为避免考评成绩过于集中，
考评成绩将进行强制分布

客观性原则

考核要做到以事实为依据

开放沟通原则

考核人和被考核人要开诚
布公地进行沟通与交流

设计绩效管理
体系的原则

发展性原则

绩效考核是通过约束与竞争
促进个人及团队的发展

常规性原则

绩效考核的工作必须成为
常规性的管理工作

差别性原则

要根据不同的工作内容制定衡量
标准，考核结果不搞平均主义

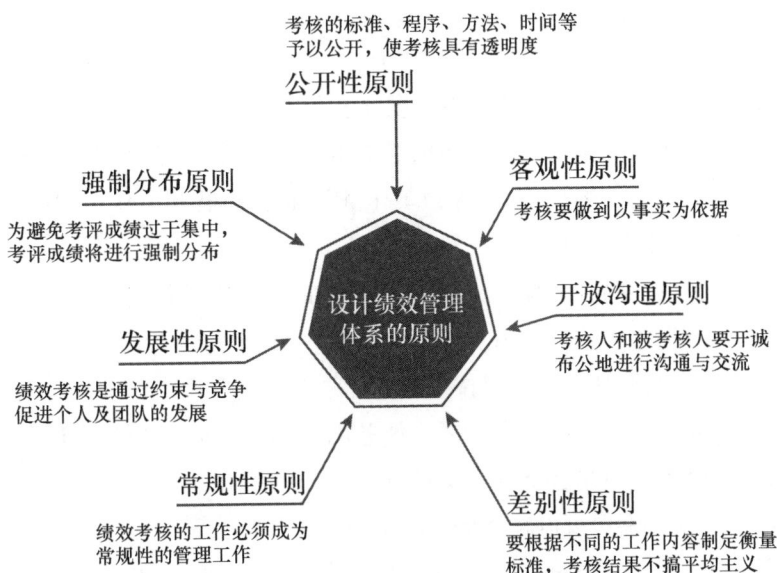

图 5-6　团队内部绩效支持系统设计需要遵循的七个原则

原则四：差别性原则，是指要根据不同的工作内容制定衡量标准，考核结果不搞平均主义。

原则五：常规性原则，是指绩效考核的工作必须成为常规性的管理工作。

原则六：发展性原则，是指绩效考核是通过约束与竞争促进个人及团队的发展。

原则七：强制分布原则，是指避免考评成绩过于集中，考评成绩将进行强制分布。

如果没有团队内部绩效支持系统，团队绩效管理、员工绩效目标的考核等就会一片混乱，导致团队绩效目标自然无法达成。所以，团队内部绩效支持系统是团队实现绩效突破、打造高绩效团队的根本保障，管理者应当根据绩效支持系统的设计思路和原则为团队建设高效的内部绩效支持系统。

⋅⚡⋅ Tips

完善的绩效支持系统可以帮助管理者轻松搞定团队绩效管理工作，并且能够确保绩效管理的有效性、公开性和透明性。

6. 提供及时的反馈辅导

员工在实现绩效目标的过程中难免会遇到各种各样的问题，如果这些问题不能够得到及时的反馈和辅导，绩效目标便难以实现。因此，为员工提供及时的反馈辅导也是促进员工高效地实现绩效目标的关键环节。

（1）及时提供正面反馈

反馈是指让员工清楚地知道他们在做什么，并明确自己做得如何以及下一步该如何做。实践中，如果管理者能够及时为员工提供有效的反馈，可以促进员工更好地改进行为、提升绩效。但是及时并非指随时为员工提供反馈，这样容易干扰员工的工作思路，甚至会打击员工的自信心，导致员工无法顺利地展开工作。就此，管理者还应当明确什么时候才算"及时"。

一般来说，在以下两种情况下，管理者需要及时为员工提供反馈。

第一，发现员工在工作中存在问题。这个时候，管理者需要及时为员工提供反馈，帮助员工解决问题，让员工可以按照原定计划顺利地开展工作。

第二，在任务的关键节点提供反馈。任务的关键节点是影响一个任务能否完成的关键，因此管理者应当在这个节点及时为员工提供反馈，让员工知道哪些行为要保持，哪些行为要改进，确保可以顺利地完成工作任务。

管理者除了要在合适的时间为员工及时提供反馈外，也应当采取合适的反馈形式。反馈形式主要分为两大类：一是团队反馈，是指针对团队整体的工作为团队所有成员提供反馈，这时候就可以采取团队会议的形式；二是个人反馈，是指针对个人的工作提供反馈，这时候可采取个人面谈的形式。

总的来说，反馈的类型主要有两种：一种是正面反馈，另一种是负面反馈。

正面反馈是指肯定员工的工作，注重员工的工作结果，并为员工提出建设性的指导建议。

负面反馈是指直接指出员工错误或失误的行为，并给予建设性的建议帮助员工改进行为。

虽然负面反馈也能够帮助员工改进行为、提升绩效，但是新时代的员工更青睐正面反馈，所以我们这里重点强调的是如何做好正面反馈。

除了反馈的时间和形式外，反馈的内容一定要具体。具体可以采取以下的方式进行描述，如图5-7所示。

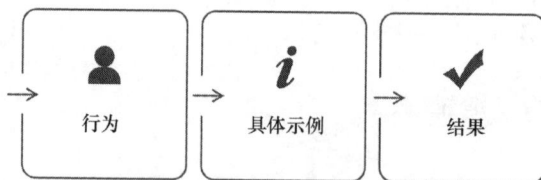

图 5-7　提供具体的反馈

行为：描述你想侧重的行为，是指管理者要描述出员工在工作中哪些行为是做得非常好的，或者哪些行为是要刻意规避的。

具体事例：引用涉及该行为并产生结果的具体事例。这个事例可以是管理者观察到的，也可以是其他员工提及的。引用具体事例是为了让员工明确自己的确存在该行为，而不是管理者无事生非针对某个员工。只有这样，员工才能客观地看待自己在工作中的行为。

结果：描述行为产生的结果，是指一定要告诉员工，他们好/坏的行为导致了什么样的结果产生。只有员工明确自己的行为产生了好/坏的结果，给团队造成了好/坏的影响，他们才能更深刻地认识自己的行为，并清楚地知道自己应当保持/改进哪些行为。

正面反馈不仅可以让员工认识到自己的不足之处和优点，还能让员工清楚地知道自己以后应该如何改进、提升自己。这样的反馈效果才是管理者需要的，才能提升团队的绩效。

（2）为员工进行有效的辅导

在为员工提供及时反馈的过程中，如果发现员工存在需要改进的行为，还需要及时为员工进行有效的辅导，否则反馈就是做无用功。

那么什么是无效辅导，什么是有效辅导？两者的对比见表5-2。

表5-2　无效辅导与有效辅导的对比表

无效辅导	有效辅导
怒骂，情绪化	询问员工目前的工作状况
含糊不清	聆听员工对现状的评估
不能给予针对性建议	聆听员工的行动计划或建议
当着其他员工的面予以辅导	给予员工经验分享
要求员工绝对服从	给予正面反馈，并给予建设性的指导意见
负面反馈，没有正面反馈	给予员工资源的支持
	让员工对事情、行为和结果负责

进行有效辅导也需要掌握一定的技巧。具体来说，管理者要为员工进行有效辅导需要注意以下两点。

第一，明确辅导的基本理念。

辅导有三大基本理念，也是辅导的三大核心价值，如图5-8所示。

对员工的尊重：辅导是基于对员工的尊重，帮助员工发挥主观能动性。

对过程的关注：辅导是一个持续的过程，需要管理者对员工的工作过程进行持续

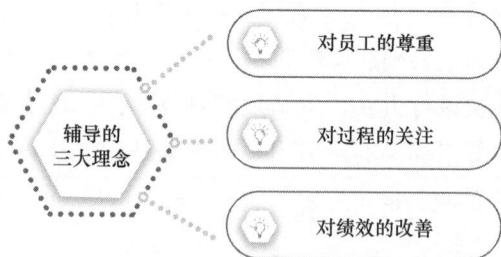

图 5-8　辅导的三大理念

的关注。

对绩效的改善：辅导的最终目的是改善绩效。

第二，掌握辅导的技巧。

在对辅导有一个深刻的认识之后，下一步我们要做的是掌握辅导的技巧。具体来说，管理者为员工进行辅导的时候需要掌握以下五个技巧。

①良好的询问技巧：管理者要学会通过提问了解员工工作的具体情况以及存在的问题。例如，"你上个月的业绩不是很好，是不是遇到什么问题了"。

②良好的聆听技巧：只有学会认真聆听，才能全面获取更多的信息，了解员工工作的具体情况，进而才能帮助员工解决问题。

③良好的反馈技巧：反馈是辅导的前提，只有员工明确、具体地反馈工作相关情况，才能更深刻地认识到自己的问题。

④营造良好的氛围：氛围也是影响辅导结果的关键。如果管理者当着团队其他成员的面辅导员工，有可能会伤害员工的自尊心，导致辅导结果不佳。所以，管理者进行辅导的时候要选择一个比较安静、私密的环境。此外，还需要以平和的语气辅导员工，这也是营造良好氛围的关键。

⑤对下属的诊断：指要根据员工的描述以及工作具体情况，对员工的行为进行诊断，为员工提供建设性的改进建议，而不是不明就里地指责员工。

第三，抓住辅导的最佳时机。

好的时机能够让辅导效果事半功倍。一般来说，辅导的最佳时期有以下两个。

一是员工的业绩出现问题，绩效需要改善的时候。

二是面临新的任务，迎接新的挑战，发展新技能的时候。

这两个时机是员工最需要辅导，且是辅导能够发挥效果的时期。所以，作为团队管理者要善于观察并抓住以上两个最佳的辅导时期。

提升团队绩效的过程其实就是不断发现问题、反馈问题、解决问题的过程。所以,反馈和辅导是提升团队绩效的核心,也是管理者必须掌握的管理技能。

Tips

及时的反馈和有效的辅导是确保员工实现绩效突破的关键步骤。

7. 绩效结果的复盘和总结

复盘是指对过去的工作、存在的问题或者对外界的反馈、从交流中获取的信息进行总结,得出经验,避免再犯同样的错误,或进一步改进行为。同样,对绩效结果进行复盘和总结也有利于改进员工行为,提升团队绩效。由此,在团队产出绩效结果后,管理者还应当带领团队成员一起对绩效结果进行复盘和总结。

具体来说,一个有效、完整的绩效结果的复盘和总结应当遵循如图 5-9 所示的四个步骤。

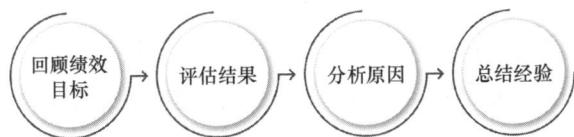

回顾绩效目标 → 评估结果 → 分析原因 → 总结经验

图 5-9 绩效结果的复盘和总结的四个步骤

(1)回顾绩效目标

回顾绩效目标其实就是回顾一下当初定下的绩效目标是什么,员工期望达成的绩效结果是什么。

例如,销售团队某个月的绩效目标是销售额达到 20 万元。

在对绩效结果复盘的过程中,管理者要始终将绩效目标展现出来,让参加复盘的每位员工都清楚地知道团队当初制定的绩效目标是什么。这样才能让员工始终围绕着绩效目标进行复盘和总结,保证复盘和总结的方向不偏离。

(2)评估结果

评估结果是指对达成的绩效结果进行评估。在这个环节,管理者可以对照员工之前制定的绩效目标进行评估,看看员工实际达成的绩效结果与原定的绩效目标之前是否存在差别。

例如,员工之前定的绩效目标是成交 50 个新客户,但实际只成交了 40 个新客户。员工实际产出的绩效结果与原定目标相差 10 个新客户,也就是说员工的绩效目标没有达成。这就是对员工绩效结果的评估。

在这里要提醒管理者注意的是,评估结果环节的重点不是关注员工实际产出的结果与原定的绩效目标之间存在多大的差距,而是要找出差距在哪里。例如,上述案例中,我们要关注的是员工与原计划差 10 个新客户的差距出在哪里,而不是关注员工为什么会差 10 个这么多。过度关注员工的差距只会打击员工的自信心,不利于员工改进行为。

(3)分析原因

这一步要仔细分析事情成功或失败的关键原因。

例如,上述案例中,与员工进行沟通之后,管理者发现之所以没有达成绩效目标是因为这 50 个客户里面,有几个十分难搞定的客户。

分析原因可以按照以下两个步骤进行。

第一步:描述具体的工作情况。

描述具体的工作情况是指,让员工描述从接到工作安排的那一刻到员工达成工作结果的那一刻的所有行动,并要求员工按照时间顺序进行描述。这个时间可以是详细的几点,也可以是按照工作任务进行的时间顺序描述。

例如,11 月 18 日上午打电话约客户当天下午 15:00 见面。11 月 18 日 14:30 到达约定地点等待跟客户见面。

在员工描述具体的工作情况时,管理者应要求员工采用客观描述性语言,不能掺杂任何个人主观情感色彩。例如,上述的案例中不能描述为“我跟客户约的时间是15:00,我提前半个小时就到了,我认为这样客户才能感受到我的诚意”,这种带有主观色彩的描述容易影响事情的分析结果。

第二步:确定成功或失败的因素。

成功因素是指促进员工成功的行为,例如“尊重客户”“执行力强”等。失败因素与成果因素是相对应的,是指导致员工失败的行为,例如“没有在约定时间跟客户见面”“做事拖延”等。

在员工对具体的工作情况描述结束后,管理者要让员工观察自己工作中的细节,并列出自己认为的所有的成功或失败因素。然后,管理者要跟员工一起确定最重要的成功因素或者影响极大的失败因素。

判断一个因素是否是最重要的成功因素的关键是,这个因素是否会给工作结果带来极大的积极影响。例如,“尊重客户”这个因素很大程度上能促进沟通顺利进行,不但有利于了解客户需求,还有利于达成想要的结果。那么,“尊重客户”可以确定为最重要的成功因素。

同样的道理，判断一个因素是否是最重要的失败因素的关键是，这个因素是否会给工作结果带来极大的消极影响。例如，"约定时间没有见客户"这个因素很大程度上能导致沟通无法进行，甚至会被客户直接拒绝，不利于团队的发展。那么，这个因素就可以确定为影响极大的失败因素。

通过以上两个步骤来回顾员工的成功或失败的原因，其实就是让员工试想一下，下次要想获得成功或避免失败，应该采取哪些行动或不应该有哪些行为。

（4）总结经验

总结经验分为三个方向。

一是总结有规律性的东西。

例如，团队某个员工的工作效率非常高，是因为他优化了自己的工作流程。那么说明这种工作流程有可取之处，管理者便可以让团队其他成员参考该员工的工作流程，对自己的工作流程进行优化。

二是制定改善计划。

制定改善计划是指基于绩效结果调整、优化计划，让员工可以规避之前的问题，优化行为，进而更高效地达成绩效目标。

在制定改善计划的时候要根据每个员工的绩效结果来制定，这样才能有针对性地帮助员工解决问题，改善绩效。

三是采取行动并坚持。

制定改善计划后，管理者还要鼓励员工积极行动起来制定计划并坚持。唯有让计划真正地落入实处，员工的问题才能得到有效解决，绩效才能得以改善。

对于团队来说，对绩效结果进行复盘和总结可以让团队的绩效目标更明晰；对员工个人来说，对绩效结果进行复盘和总结可以让员工不断积累经验、改进行为、迅速提高个人能力。所以说，管理者千万不能忽视对绩效结果的复盘和总结环节。

> 💡 **Tips** ────────
>
> 复盘和总结可以找出实现绩效突破的规律，助力团队不断创造高绩效。

8. 绩效结果的应用

绩效结果的应用是指通过对绩效成绩优异的员工进行奖励、对绩效成绩较差的员工进行惩罚，可以鼓励团队内部的正确行为，激励团队员工为实现团队绩效目标共同努力。同时，可以对团队内部运作中出现的问题进行指导和纠正，以达到团队的整体进步。

一般来说,绩效结果的应用可以运用如图 5-10 所示的五个方面的内容。

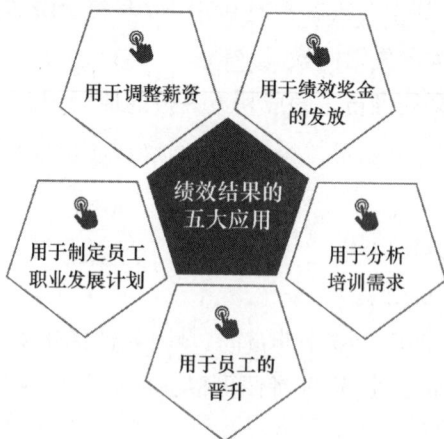

图 5-10　绩效结果的五大应用

（1）用于调整薪资

将绩效结果用于薪资调整,可以达到激励员工的效果。这个激励有两种效果,一种是正向激励,一种是反向激励。

正向激励是指对于绩效成绩优异的员工,提升其工资可以进一步激励员工保持并优化行为,创造更高的绩效。

反向激励与正向激励是相对的,是指对于绩效成绩较差的员工,降低其工资可以促进员工尽快改善行为,提升绩效成绩。

但是要注意的是,无论是正向激励还是反向激励都要有一个客观的衡量尺度,简单地说,就是奖罚要有理有据,有标准。否则很容易让员工产生不公平感,进而不愿意提升或改善行为。具体的薪资调整衡量尺度、标准要根据员工的绩效结果、团队的实际情况来定。

（2）用于绩效奖金的发放

一般团队都会用绩效奖金的方式激励员工。但是如何发,发多少是管理者比较关注的问题,因为大多数员工对绩效奖金的态度是"不患寡而患不均"。为了解决这个问题,可以将绩效结果用于发放奖金。产出的结果与奖金的比例对应,这样就不会产生不公平感。

将绩效结果用于发放奖金,一方面可以激励优秀的员工继续为实现团队目标贡献自己的力量,另一方面还可以为团队树立榜样,让团队其他员工向优秀员工学习,激励他们不断改进行为,提升绩效,从而使整个团队的绩效不断提升。

（3）用于分析培训需求

通过对绩效结果的分析和研究,管理者可以发现员工表现和能力与所在职位要求的差距,进而可以判断出员工是否需要培训,需要哪些方面的培训。如果是因为员工能力存在问题,那么就需要及时提供专业能力的培训。如果是因为员工情绪不稳定,那么就需要提供一些员工心理学方面的培训。培训的针对性越强,培训的价值越大。

（4）用于员工的晋升

绩效结果为员工的晋升与降级提供了有效的依据。

例如,某公司将绩效结果应用于员工晋升的具体操作方法如下。

首先,制定年/季度绩效考核评定表,见表5-3。

表5-3　年/季度绩效考核评定表

考核项目	考核要素	说明	得分	权重	最终得分	备注
组织绩效	公司绩效考核结果			50%	0	
	一级部门绩效考核结果			50%	0	
	二级部门绩效考核结果					
奖惩评价类得分						
个人绩效	个人绩效考核结果			0		
最终考核得分				100%	0	
等级评定	评定等级	□A＋杰出（S≥95）□A 优秀（85≤S＜95）□B 良好（70≤S＜85）□C 合格（60≤S＜70）□D 较差（50≤S＜60）□E 非常差（S＜50）				

然后,根据员工的绩效结果并依据绩效考核评定表对员工进行年/季度考绩评等。

所有部门负责人（含）以上人员及业务管理人员,依平均得分排序,根据常态分配原则制定出年/季度的考绩评等,基本分配原则,见表5-4。

表5-4　年/季度的考绩评等级表

平均得分排序	考绩评等
最前面10%	A＋
10%～20%	A
20%～80%	B

续表

平均得分排序	考绩评等
最后面20%,但是平均达成率≥70分	C
最后面20%	D
最后面20%,且平均达成率<60分	E

常态分配必须符合C、D、E的总人数大于等于A＋、A的总人数。若公司领导对最前面20%人员的目标达成率不满意时,可以减少A＋与A等考绩的人数。

考绩评定为A＋、A者,优先列为职务晋级、培育及调薪对象。

团队管理者可以参考案例中的操作方法将绩效结果应用于员工的晋升。对于绩效结果理想的员工可以考虑将其列入晋升名单,对于绩效结果不是很好的员工就要考虑降级或者辞退。

(5)用于制定员工职业发展计划

通过绩效结果可以分析出员工在绩效水平和工作能力,在此基础上,管理者还要与员工进行沟通,帮助员工制定一个长远的职业发展计划,明确员工在团队中的未来发展方向。这种职业发展计划不仅对员工的绩效结果进行了有效反馈,还能够增强员工对团队的归属感,是员工改进行为,提升绩效的强大动力。

绩效结果的应用是团队绩效管理的最后一个工作环节,也是衡量绩效管理工作能否发挥应有作用的关键环节。所以,管理者一定要把好关,要系统、有效地应用绩效结果。

💡 Tips

绩效考核结果的应用可以鼓励团队内部的正确行为,激励团队成员为达到团队目标而共同努力。

9. 工具:OKR目标与关键成果法、STAR绩效反馈、欣赏式探寻

工具一:OKR目标与关键成果法

OKR(Objectives and Key Results)即目标与关键成果法,是一套明确跟踪目标及其完成情况的管理工具和方法,由英特尔公司创始人安迪·葛洛夫(Andy Grove)发明,并由约翰·杜尔(John Doerr)引入到谷歌使用,1999年OKR在谷歌发扬光大。2014年,OKR传入中国。

团队管理者要想实现绩效突破可以采取OKR目标与关键成果法。

(1)OKR的三个层次和原则

第一,了解 OKR 的三个层次。

公司 OKR:明确公司的整体目标,聚焦重点。

团队 OKR:明确团队的工作优先级。它并不是公司 OKR 的简单拆分,也不是个人 OKR 的简单汇总,而是从团队层面重新思考并确定出来的。

个人 OKR:明确自己该做什么,这是最具体的一个层次。

第二,制定 OKR 要遵循的原则。

制定 OKR 一般需要遵循以下几个原则。

①OKR 要能支撑战略。

②最多有五个 O(目标),每个 O 最多四个 KR(关键成果)。

③目标要有野心。

④目标一定要可以衡量。

⑤一定要有截止时间。

⑥要有 60% 以上的目标是自下而上提出的。

⑦目标必须 100% 的都是经过协商并同意的,不能是命令。

在了解 OKR 的三个层次和 OKR 的实施周期后,我们接下来要重点强调的是团队在实施 OKR 的时候应掌握的策略。

(2)明确 OKR 的实施周期

OKR 的实施周期一般分为五个阶段,如图 5-11 所示。

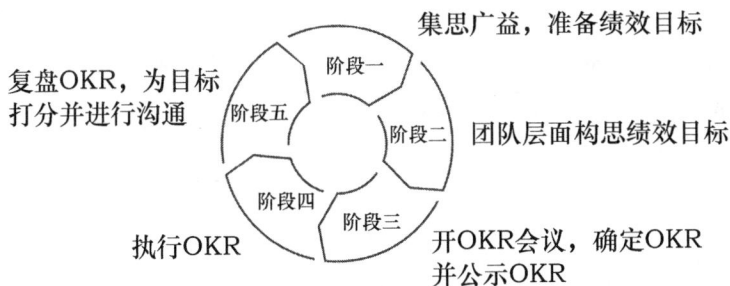

图 5-11　OKR 的实施周期

阶段一:集思广益,准备绩效目标。这个阶段要组织团队所有成员围绕团队整体的绩效目标进行讨论,收集所有成员对团队绩效目标的想法和建议。

阶段二:团队层面构思绩效目标。这个阶段是指站在团队发展的角度构思团队的战略目标。

阶段三:开 OKR 会议,确定 OKR 并公示 OKR。这个阶段要召开 OKR 会议确定团队、个人的 OKR,并将 OKR 公示,确保团队上下的所有人都明确自己的 OKR。

阶段四:执行 OKR。这个阶段就是为实现 OKR 而展开行动的。

阶段五:复盘 OKR,为目标打分并进行沟通。绩效结果产生后,要让员工根据自己的绩效结果进行自我评价打分,并复盘自己的绩效结果,从中总结经验。

执行五个阶段的具体时间,需要根据团队规模、实际的工作情况和具体的绩效目标而定。

(3)OKR 实施的关键点

在 OKR 实施的过程中,管理者应把握以下几个关键点:

①OKR 要全员公开。为什么要全员公开? 因为只有每个人对公司目标的理解是一致的,这样才能同心协力,上下同欲。此外,还可以让每个人对彼此在做的事一目了然,方便协调资源,确保团队协作顺畅。

②OKR 要打分,但是这个分数不作他用,甚至不需要记录。唯一的用途,就是让员工诚实地评判自己的表现。

③OKR 不是绩效考核工具。为什么评估完后不需要考核? 这是为了保证执行的过程中不出现畸形,保证结果是真实的。

④OKR 能够最大程度地调动团队员工的积极性,能够集中团队成员的优势,克服困难和问题。

工具二:STAR 绩效反馈

管理者要想提升绩效反馈效果,可以采用 STAR 绩效反馈工具,即 S 情境(Situation)、T 目标/任务(Task)、A 行动(Action)、R 结果(Result)。由于 STAR 英文翻译后是星星的意思,所以又叫"星星法",如图 5-12 所示。

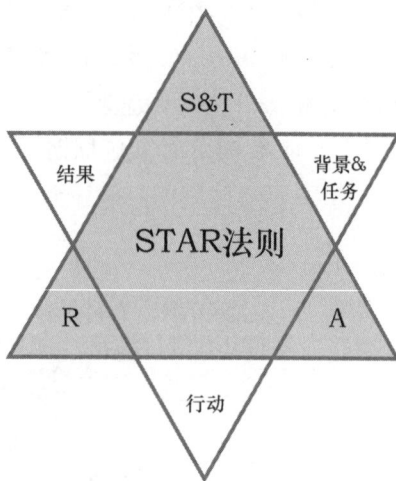

图 5-12　星星法

S(情境):这件事情发生时的情境是什么样的。

T(目标/任务):员工为什么要做这件事。

A(行动):当时采取什么行动。

R(结果):采取这个行动后获得了什么结果。

管理者在为员工提供绩效反馈时,可以通过以上四点展开描述,这样的反馈才能让员工清楚地了解自己做了哪些工作,取得了怎样的结果,进而才能知道自己是否需要改进。

工具三：欣赏式探询

欣赏式探询是欣赏和探询组合的一种管理方式。欣赏是指肯定员工的优势和价值，探询是指探究员工的工作，发现员工的发展趋势，询问员工的想法。管理者可以采用这种方式对团队的绩效结果进行复盘，具体分为五个步骤，如图 5-13 所示。

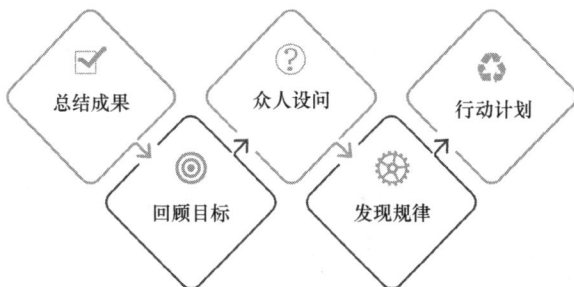

图 5-13　对团队绩效结果进行复盘的五个步骤

第一步，总结成果：总结团队达成的绩效结果。例如，某个月达成销售额 20 万元。

第二步，回顾目标：对团队当初制定的绩效目标进行回顾。

第三步，众人设问：通过众人设问的方式集思广益，让大家对绩效过程及绩效结果有更全面、清晰的认识。设问的问题通常包括团队当前的具体状况如何、当初为什么会做这样的决策、失败或成功的经验有哪些等。

第四步，发现规律：通过大家的讨论和研究得出一些有价值的规律。例如，发现了更加高效的工作流程。

第五步，行动计划：找到规避问题的方法，把握有价值的规律，并基于此制定下一步的行动计划。

以上五个步骤是一套针对团队的绩效结果复盘的完整方法，五个步骤缺一不可。通过以上五个步骤可以让管理者全面地了解团队的工作情况，认清团队存在的问题，更好地改善、优化团队绩效。

第六章 沟通协作:从"以和为贵"到"以合为贵"

高绩效团队的能量来源于团队成员之间通过友好沟通、和谐共处形成的合力。由此,团队管理者重要的努力方向是促进团队的顺畅沟通与完美协作,让团队从"以和为贵"升级为"以合为贵"。

1. 团队沟通的五项基本原则

有效的沟通协作不仅能最大限度地激发团队成员的个人潜力和工作积极性,还有助于充分调配、利用团队内部的各项资源,把团队成员的个人力量"合"在一起,变成强大的团队力量。

沟通协作看似一体,实际上是两个动作:沟通是手段,协作是目的。沟通是协作的前提和辅助工具,协作是沟通的结果和目的。要提高团队的协作力,首先必须解决团队沟通的问题。

团队沟通不是团队成员之间的简单对话,而是有效的信息传递。通常来说,有效的团队沟通需要遵循五项基本原则,如图 6-1 所示。

图 6-1 团队沟通的五项基本原则

（1）尊重:维护自尊,增强自信

如果员工在团队中得不到尊重,那么他们的自尊心和自信心就会受到伤害,他们也就不愿意跟其他成员沟通,更谈不上协作。因此,为了维护和谐的团队关系,提升团队的沟通协作力,管理者不仅要尊重员工,还应当要求团队成员之间要互相尊重。

为了让员工之间养成互相尊重的意识,管理者可以从以下两个方面着手。

一是刻意传递互相尊重的意识。一些员工之所以不尊重他人,可能是因为自身没有这种意识或是没有充分认识到尊重在沟通协作中的重要性。因此,管理者需要利用一切机会刻意传递互相尊重的意识。

例如,"每个人都有自己的优点,你们的行为方式和想法可以与其他人不同,但是你们之间一定要互相尊重,这是你们沟通协作的前提。"

二是加深团队成员之间的了解。大多数情况下,一些员工不尊重其他人是因为他们对对方的了解不够深入。对此,管理者可以组织一些活动帮助团队成员之间加深了解。

例如,团队拓展小游戏、集体旅行等团队互动活动。

尊重是团队沟通的基础和前提,团队成员之间如果不能互相尊重,沟通就无法展开。为此,高绩效团队的管理者会始终强调相互尊重的重要性,并以此为团队沟通要遵循的第一项基本原则。

（2）同理心:用心聆听,表达认同和理解

有效的沟通是从心开始的。这里的"心"主要是指同理心。同理心是指真正去了解他人的感受和情绪,进而做到相互理解、关怀和情感上的共鸣。带着同理心的沟通就是用心聆听对方的表达,听出对方的情绪和心声,并表达对对方的理解、关怀和共鸣。

例如,对方皱着眉头说:"我这个月的绩效目标可能无法达成了。"当我们用心去聆听的时候,便能从这句话中听出对方的压力,听出对方工作中可能遇到了困难。然后,我们就可以带着认同和理解提出问题:"是不是工作压力比较大,或者工作上遇到了什么问题? 有需要我帮助的地方吗?"这样的问题不但让对方愿意回答,还有话可说。

当沟通的双方都以"用心聆听"为前提,以"表达认同和理解"为策略,团队沟通就会进入一种和谐、有效、高质量的状态。这不仅有利于提高团队沟通协作的效率,还有利于提高整个团队的工作效率。所以说,强调带着同理心去沟通是促进团队沟通协作的重要原则。

（3）参与：让每个人都开口说话

沟通从来都不是单方面的表达，而是双方甚至多方的聆听和表达。所以，有效的团队沟通必须让所有人都参与进来，让每个人都开口说话。让团队每个成员都开口说话的前提是建立顺畅的沟通渠道。团队成员之间的沟通渠道主要有以下三种。

一是面对面沟通。面对面沟通是最直接有效的沟通方式，这也是传统办公室存在的核心价值。因此，团队管理者应当鼓励员工在遇到问题或者想表达自己的想法时，走出自己的工作岗位，积极、主动地跟团队成员进行面对面沟通。

二是在线沟通。互联网时代，员工更倾向于在线沟通，这种沟通渠道更加便捷、及时，管理者也可以根据团队的沟通需求和特点，选择一款在线协作软件作为团队在线沟通的工具。

三是团队会议。团队会议的主要目的是让员工参与沟通，让每个人都能有机会表达的一个渠道。在会议上，管理者可以让团队成员围绕某一个问题或某个事项进行深入沟通和探讨。

建立沟通渠道是为了让团队成员可以通过任何一种方式参与沟通。只有团队所有成员都参与沟通，每个人都开口说话，团队沟通才能有效展开。

（4）分享：鼓励分享，奖励分享

团队沟通的前提是团队的每个成员都愿意主动地分享自己的观点、想法。所以，为了提升团队的沟通效率，管理者应当鼓励团队成员积极分享自己的观点、想法，并且还应当采取一定的措施奖励员工的分享行为。

首先，鼓励员工分享。管理者可以在团队项目会议、例会上鼓励员工分享，积极发表自己的观点、想法。此外，管理者也可以创造一些分享的机会，比如组织团队分享会、设置分享看板等。当然，很多人即使有了分享的机会也不一定愿意主动分享，这个时候就需要管理者用语言发出邀请和鼓励。

例如，"每个人的观点和想法都是有价值的，希望大家都能够积极、主动分享。只有每个人都愿意分享，我们才能找出那个最具有创造性、最能够促进团队发展的观点和想法。"

其次，奖励乐于分享的员工。对积极、主动分享的员工给予奖励，既能鼓励该员工继续保持分享的行为，还能带动团队其他成员积极参与分享。

例如，对于积极分享的员工可以给予一定的积分作为奖励，该积分与月度绩效奖金或与年终绩效奖金挂钩，或者可以用积分兑换旅游。

这里需要注意的是，无论员工的观点、想法是否有利于团队发展，或者是否会被采用都应当奖励员工，因为奖励的最终目的是激励员工不断地分享，与员工提出何种观点、想法关系不大。

分享不是简单地表达自己,分享是指员工有意愿与团队成员交流自己的观点和想法,希望能激发新的火花,能够改进个人或团队的绩效。高绩效团队需要的正是这样的沟通氛围。因此,分享也是团队沟通需要遵循的基本原则之一。

(5)支持:全方位支持,促进和谐沟通

为了确保团队沟通更加和谐、高效,管理者还应当在沟通方面为团队提供全方位的支持。管理者可以从两个方向上为员工提供支持。

方向一,营造良好的沟通氛围。良好的沟通氛围是促进团队有效沟通的前提,只有在良好的氛围下,员工才能轻松、有效地进行沟通。所以管理者应当为团队营造一个良好的沟通环境。例如,为团队打造一个专门的聊天室。

方向二,给予资源支持。团队进行沟通的时候可能会需要一些促进沟通顺利进行的工具,如投影仪、白板、记号笔、图纸等,所以管理者还应当为员工提供相关的资源支持。

管理者从制度和言行上给予员工支持,是为了及时地帮助员工解决沟通中存在的问题,以进一步激励员工保持有效的沟通行为,进而让团队沟通更加和谐、高效、畅通。团队管理者要想打造出一支高绩效团队,就需要掌握上述团队沟通的五项基本原则,确保团队能够实现高效沟通。

🔅 **Tips**

团队沟通的五项基本原则是尊重、同理心、参与、分享、支持。

2. 以协作为导向展开沟通

团队沟通的目的是促进团队协作,但以协作为导向展开沟通需要掌握五种沟通技巧和五种沟通智慧。

(1)以协作为导向的五种沟通技巧

为了通过沟通达成团队协作目的,团队成员应当掌握以下五种沟通技巧,如图6-2所示。

第一,有话好好说。有些员工比较情绪化,一旦他人的想法与自己的想法不同,便会立即反驳,甚至会直接跟对方吵架。这种过度情绪化的表达方式会直接影响双方的沟通协作。所以,团队成员之间沟通的时候一定要有话好好说。好好说话并不是说一定要无条件认同对方的观点,刻意迎合对方,而是用友好的态度和合适的表达方式表达自己的想法。

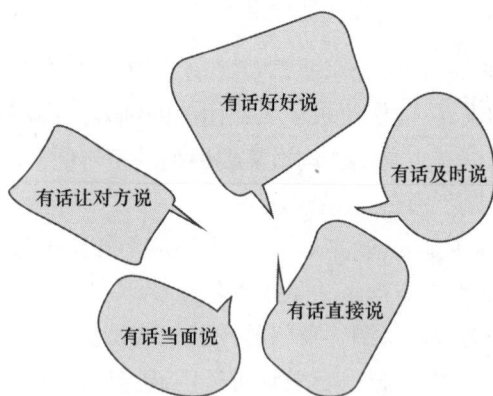

图 6-2　以协作为导向的五种沟通技巧

例如，把"我不同意你的想法，你这个想法太狭隘了"换成"你的想法没有错，我很理解，不过我也有一点不同的意见……"。

第二，有话及时说。沟通其实也有一定的时效性，尤其是在团队协作中，有些话过了那个时段再说就没有意义了。因此，以协作为导向的沟通要强调有话及时说。

例如，某位员工正需要另外一位员工配合完成工作任务，但是由于没有及时告诉对方，导致工作任务无法按时完成。

再例如，A 员工在与 B 员工在协作中对某件事持不同观点，但是碍于种种原因没有及时告诉 B 员工，而是按照 B 员工的意见继续执行。结果发现 B 员工的意见行不通，而 A 员工的意见更有利于工作的顺利推进。这个时候虽然 A 员工说出了自己的想法，但大家不得不再回到原点重新开始，严重影响了团队的绩效。

第三，有话直接说。团队协作讲究的是效率，所以团队成员之间的沟通应当直接、明了，不能拐弯抹角。

例如，"我不确定你是不是有这方面的知识，这个问题还是有一点难度的。我目前解决不了……"这样拐弯抹角的表达不仅会让对方一头雾水，还会耽误解决问题的时间。该员工可以直接说："我遇到问题了，需要你的帮助。"

第四，有话当面说。有话当面说有两个好处。

一是可以提高沟通效率，促进协作。例如，员工遇到问题寻求帮助的时候，当面直接说更能够清楚地表达问题，以便及时寻求帮助。

二是可以避免不必要的误会。例如，A 员工观察到 B 员工工作中存在问题，但是没有当面直接跟 A 说，而是跟 C 员工说了。这样做可能会让 B 员工误会 A 员工在背后说自己的坏话，影响团队成员之间的关系，还不利于 B 员工及时地发现问题、解决问题。

第五,有话让对方说。沟通是双向的,自己要表达,也要留给对方表达的时间和机会,这样信息才能交换,才能促进协作。因此,团队成员在沟通时切忌武断专制,搞一言堂,要做到有话让对方说。

(2)以协作为导向的五种沟通智慧

为了进一步促进成员之间的协作,管理者还应当掌握以协作为导向的五种沟通智慧,如图6-3所示。

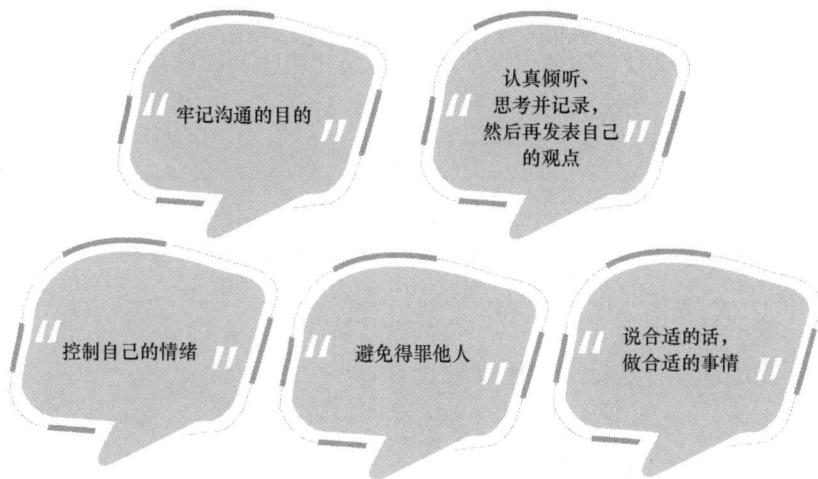

图6-3　以协作为导向的五种沟通智慧

第一,牢记沟通的目的。没有目的的沟通是无效的,没有价值的。所以,团队成员之间沟通的时候一定要始终牢记自己沟通的目的。

例如,客服部门的两位员工以"解决客户的投诉问题"为目的展开沟通,那么他们之间的沟通就要始终围绕这个目的展开,最后也要以"是否解决了客户的投诉问题"为依据,判断此次沟通是否成功。

第二,认真倾听、思考并记录,然后再发表自己的观点。倾听是为了了解对方的想法,思考是为了寻找协作的方向和方法,记录是为了抓住关键点。在倾听、思考、记录的基础上发表的观点才具有说服力,才有助于团队协作。

第三,控制自己的情绪。在实际的工作中,沟通之所以无法顺利进行,协作之所以无法达成,很大程度上是情绪因素导致的。所以,在沟通的过程中,团队成员应当学会控制自己的情绪,也不能被他人的情绪牵着鼻子走。

第四,避免得罪他人。团队协作需要的是伙伴不是敌人,所以在沟通的过程中,团队成员不能因为图一时之快,说一些得罪其他人的话。

第五,说合适的话,做合适的事情。良好的沟通协作其实就是在合适的时间、合适的地点、跟合适的合作伙伴说合适的话,做合适的事情。合适的时间和地点是指工作任务执行的时间和地点;合作伙伴是与你协作完成工作任务的对象;说合适的话是指要用合适的表达方式阐述观点;做合适的事是指做自己应当做的事,并对结果承担责任。

做任何事情都要有明确的目标导向。如果没有目标导向,这件事就失去了存在的意义和价值,做这件事的人也会因为没有明确的方向而无法执行。团队沟通也是如此,如果团队成员没有目的地进行沟通,很容易让团队沟通沦为无效的座谈会。所以,团队管理者一定要明确团队沟通的目的是提升协作能力,并要掌握以协作为导向展开沟通的技巧和智慧,确保团队沟通目标更好地达成。

💡 **Tips**

团队沟通的目的不是为了实现简单的交流,而是为了促进协作。

3. 有效地听,清楚地说,有效地反馈

一个完整、有效的沟通过程其实就是有效地听、清楚地说以及有效地反馈,如图 6-4 所示。

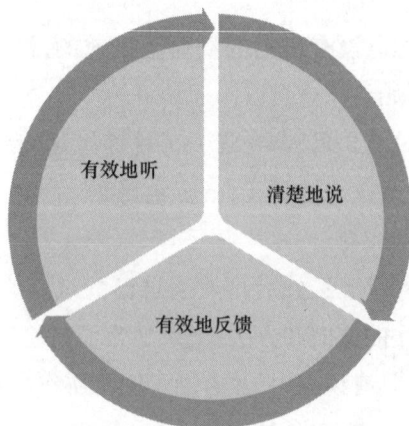

图 6-4　完整、有效的沟通过程

(1)有效地听

管理心理学中有一个定理叫"威尔德定理"。该定理是由英国著名管理学家 L·

威尔德(L・Wilder)提出的，是指有效沟通始于聆听。但是这里的听不只是用耳朵听，更要用眼睛、用脑、用心听。

用耳朵认真听。用耳朵听是聆听的基本。我们需要通过耳朵认真聆听对方表达，从中获取有效信息，促进沟通进一步展开。

用眼睛听。用眼睛听是指在对方表达的时候，要用眼睛观察对方的表情和肢体语言，以了解对方的真实想法。

例如，对方在表达的时候双手抱在胸前，说话的时候支支吾吾，那么说明对方不是很信任你。这个时候你要做的就是在合适的时间表达你的想法，让对方信任你，进而促进沟通顺利进行。

用脑、用心听。用脑、用心听是聆听的核心。只有如此才能完成真正意义上的有效聆听，才能听出对方的言外之意，进而达成有效沟通。

用脑听是指在聆听对方表达的时候，要用大脑思考对方的言外之意。

例如，对方说"我认为这件事可以不用这样做"。这说明对方还有更好的想法，那么这个时候你可以询问对方"那你是否有更好的想法可以分享一下呢?"这样一来就能让你获得更多的信息，有利于沟通顺利进行下去。

用心听是指要站在对方的角度去听，在聆听的时候我们可以反问自己"如果是我，我会怎么想""换作是我，我会不会这样做"。用心听不仅能够让我们听到不同的意见和想法，还能够鼓励对方继续表达自己，让沟通更加顺畅地进行。

（2）清楚地说

沟通是双向的，要通过"有效地听"获取信息，也要通过"清楚地说"传递信息。获取和传递的信息越多越利于交流。但是只是简单地说并不能帮助我们有效地传递信息。

沟通中有个"沟通漏斗效应"，如图 6-5 所示。"沟通漏斗效应"表达的是团队沟通效率下降的一种现象——对于沟通者来说，如果你心里想的是 100% 的信息，当你在众人面前或是开会的场合用语言表达时，这些信息已经漏掉了 20% ，你实际说出来可能只有 80% ；当这 80% 的信息进入别人的耳朵时，由于文化水平、知识背景等方面的差异，能够被对方接收的可能只有 60% ；到最后，真正被对方理解、消化的信息大概只有 40% ；等到这些人遵照领悟的 40% 采取

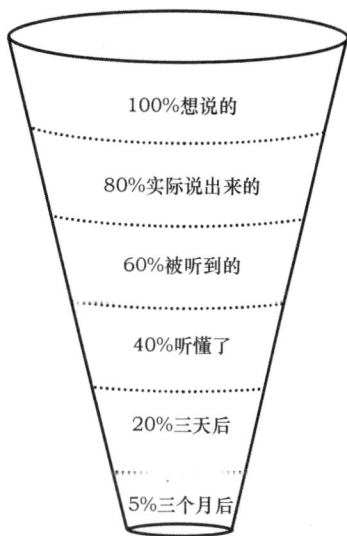

图 6-5　沟通漏斗效应

行动时,可能只剩下 20% 的信息了。

如果我们能够在一开始就尽力说得更清楚,提高实际说出来和被听到的比例,那么"漏斗"被漏掉的信息就会逐渐减少,被采取行动的信息就会更多。所以,我们在沟通中一定要锻炼自己能够"清楚地说"的能力。

提高自己的表达能力。提高表达能力可以确保尽可能多地传递出有效信息,进而可以减少因为词不达意而导致的信息传递漏洞。通常来说,团队成员提升自己表达能力的方式主要有两种:一种是用于在公开场合表达自己,例如在团队会议上积极发表意见,表达得越多越利于提升自己的表达能力;另一种是通过学习表达的相关技巧,提升自己的表达能力。例如阅读提升表达能力的书,或者观看演说节目。

站在对方的角度表达。站在对方的角度表达是指,以理解对方为前提表达自己。这样对方才能听进去自己说的话,减少因为双方的差异而导致的信息接收遗漏。

例如,对方说"A 方案跟 B 方案比,B 方案似乎更适合团队的发展"。如果你此时说:"我认为 A 方案更适合,B 方案存在明显的缺点。"这样只会让对方根本不愿意听你讲,甚至会直接终止沟通。相反,如果你说"你认同的 B 方案的确有优点,也有利于公司的发展。不过,我认为 A 方案也有可取之处,我们可以研究研究再做定论。"这样对方才愿意接收你传递的信息,你的信息才能有效地传递出去。

重要的事情可以说 1 ~ 3 遍。如果是非常重要的事情,我们就需要重复说 3 ~ 5 遍,这样做也有利于清楚地传递信息。

总之,在表达自己的想法时,我们应当采取一切措施,确保"漏斗"漏得更少,确保我们想表达的信息能够明确、有效的传递。

(3)有效地反馈

在沟通中,有效地反馈是指当对方表达之后要及时、有效地给出回应和反馈,具体的反馈方式有两种。

一是肢体动作上的反馈。肢体动作上的反馈是指通过一些动作、表情等肢体语言,给予对方回应和反馈。肢体动作上的反馈一般强调的是积极的反馈,即通过一些肢体动作鼓励对方继续说。

例如,在对方表达某个观点或某件事结束的时候,我们可以用点头微笑表示我们在认同对方的观点,并且还可以让对方知道我们在认真倾听,促进沟通顺利进行。

除了微笑点头外,还可以通过竖大拇指或身子微微向前倾等行为给予对方积极的回应和反馈。

二是语言上的反馈。语言上的反馈是指对方说完之后,我们立即通过语言表达自己的想法。语言上的反馈包括认同和反对两种。

当你和对方意见一致时,可以直接表示认同。这种反馈不需要太多的技巧,只要态度诚恳,让对方感受到你的诚意即可。

例如,"你说的很对,我认同你的观点。""我也是这么想的。"

当你和对方意见不一致时,则需要注意一下反馈的技巧。首先,不能直接打断对方,反驳对方的意见,你可以礼貌地问对方:"不好意思,是否可以打断一下?"经过对方的允许后再表达自己的想法。如果不是非常着急的事,最好在对方表达结束后再反馈。反馈的时候不能直接说"我不同意你的观点",应当先说"你说的很对,不过,我也有一点不同的意见……"。

无论是通过肢体动作还是语言进行反馈,其目的都是为了让对方知道你在认真聆听,且有利于双方信息的交互,进而可以促进沟通顺利进行。

沟通是一个系统的过程,听、说、反馈三个环节缺一不可。所以,要想提升团队的沟通协作能力,管理者应当要求团队成员在沟通中做到有效地听、清楚地说、有效地反馈。

> 💡 **Tips**
>
> 有效的沟通＝有效地听＋清楚地说＋有效地反馈。

4. 任何情况下都要控制情绪

情绪是一个心理学名词,是人们对客观事物的态度体验以及相应的行为反应,例如,开心、难过。心理学上将情绪大体分为两种:

一是正面情绪,是指人的一种积极的情绪,如开心、乐观、自信、放松等。

二是负面情绪,负面情绪是与正面情绪相对应的,如紧张、痛苦、焦虑、悲伤、沮丧等。

所谓负面情绪是指这种情绪体验是消极的,会令人的身心感到不适,甚至会影响工作和生活的顺利进行。心理学中有一个著名的效应叫"踢猫效应",描绘的是一种典型的负面情绪的传染所导致的恶性循环。

一位父亲在公司受到了老板的批评,于是回到家后就把在沙发上跳来跳去的孩子臭骂了一顿。小孩被骂后很生气,于是狠狠地踹了在身边打滚的猫。猫逃到了街上,此时正好有一辆卡车开过来,司机赶紧避让,却把路边的孩子撞上了。

从"踢猫效应"我们可以看出,负面情绪一旦得不到有效控制就会快速传染而导致更加严重的后果。在团队中,如果出现这种负面情绪导致的恶性循环,将会对团队协作产生极大的负面影响。

高绩效团队的协作一定是基于团队成员能够用积极的情绪对待工作。作为团队管理者,应当采取有效的措施帮助员工控制负面情绪,避免"踢猫效应"。一般可以按照以下三个步骤帮助员工控制情绪,如图 6-6 所示。

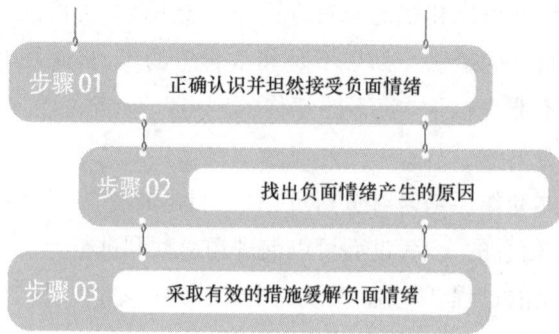

步骤01　正确认识并坦然接受负面情绪

步骤02　找出负面情绪产生的原因

步骤03　采取有效的措施缓解负面情绪

图 6-6　帮助员工缓解情绪的三个步骤

（1）正确认识并坦然接受负面情绪

了解情绪才能控制情绪,所以管理者首先要做的是,让团队每一位成员都能正确认识负面情绪。

负面情绪和正面情绪一样,都是人们受到外界刺激后,因为与内心的期望有差异而激发的内心体验。当外界的刺激足以满足内心的期望时,就会激发正面情绪;当外界的刺激不足以满足内心的期望时,就会激发负面情绪。

简单地说,正面情绪和负面情绪都是客观存在的,跟每个人的能力、知识水平、智商等并没有直接的联系。因此,我们不能因为自己产生了负面情绪就认为自己不够优秀,然后对这种情绪产生强烈的抵触心理。这样只会加大负面情绪的影响,严重影响我们的生活和工作。为此,管理者要将对负面情绪的把控能力传递给员工,便于引导团队正向发展。

（2）找出负面情绪产生的原因

找出负面情绪产生的原因是有效缓解负面情绪的前提和关键。因此,团队管理者在发现员工有负面情绪时,要及时与员工进行面谈,以便帮助员工找到负面情绪产生的根源。

一般来说,员工产生负面情绪的原因有两种。

一种是生活上的原因,指个人生活中遇到了难以解决的问题。例如个人情感问题、与父母相处问题等。

另一种是工作上的原因,指在工作中遇到的问题。例如,工作压力大、与同事相处不愉快等。

只有找到明确的原因,管理者才能就员工的负面情绪"对症下药"。

（3）采取有效的措施缓解负面情绪

帮助员工缓解负面情绪的方式有很多种,具体采取何种方式要根据具体的负面情绪产生的原因以及员工的需求来定。一般来说,帮助员工缓解负面情绪的方式有以下几种:

①心理辅导。心理辅导是帮助员工缓解负面情绪的有效措施。如果条件允许可以成立专门的心理咨询室,由专业人员对员工进行心理辅导。如果是小团队,条件有限,则可以由管理者担任"心理辅导师"的职责,定期与员工进行沟通,帮助员工调整心态,及时缓解负面情绪。

②团建等相关团队活动。团建活动是团队成员一起参加集体活动,这样不仅能够帮助员工缓解负面情绪,还有利于增强团队成员之间的情感,进一步促进团队之间的沟通和协作。员工因为工作压力大而产生负面情绪的时候,就可以采取团建活动来帮助员工缓解负面情绪。

③员工自我调节。管理者除了要帮助员工缓解情绪外,也要让员工养成自我调节,学会自己缓解负面情绪的意识。例如,员工可以通过运动、旅游等形式帮助自己缓解负面情绪。

正面的情绪有助于团队的发展,并能形成积极的良性循环,负面情绪则会影响团队的发展,会导致"踢猫效应",形成消极的恶性循环。所以,为了使团队能够更好地发展,领导需要做的是让团队成员在任何情况下都要控制自己的情绪,避免消极的恶性循环,并努力形成积极的良性循环。

Tips

一旦团队中出现"踢猫效应",团队沟通和协作就无从谈起。

5. 组织召开有效会议

组织召开会议是提升团队沟通效率、促进团队协作的有效方式,但同时也是一种成本较高的方式,因为团队会议需要花费大量的时间和精力。因此,管理者在组织召开会议的时候,一定要确保会议有效,避免做无用功。

一般来说,可以按照如图 6-7 所示的五个步骤进行。

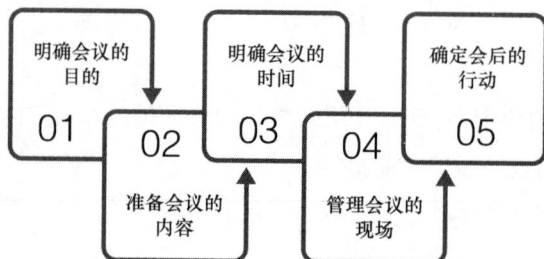

图 6-7　组织召开有效会议的五个步骤

（1）明确会议的目的

组织召开会议的目的一般有四种，分别是：信息共享、动员激励、信息传播、解决问题或制定决策。

信息共享是指团队成员针对某一个会议议题发表自己的观点和想法，团队成员之间共享信息。

动员激励是指在一项工作任务开始前召开会议，调动团队成员的积极性和动力，让大家能够更热情地投入到工作中。

信息传播是指团队管理者将工作任务或者相关内外部信息传递给员工。

解决问题或制定决策是指针对团队存在的问题组织会议，团队成员一起集思广益寻找解决问题的方案，或者针对某项工作任务制定实施工作任务的决策。

目的不同的会议需要准备的资料以及会议的流程都不同。

例如，组织召开会议的目的是信息传递，那么管理者需要提前整理好要传递的信息，然后在会议上将信息传递出去，确保员工接收到信息即可。如果组织召开会议的目的是解决问题，那么管理者需要做的准备就是了解问题产生的过程、原因及明确的结果，然后还要组织团队成员就此问题进行讨论，最后才能统一思想，形成共识。相对来说，以解决问题为目的召开的会议比简单传递信息的会议流程更为复杂。

因此，团队管理者在召开会议前，必须明确会议的目的是什么。只有明确会议召开的目的，大家才知道要做哪些准备，按照什么样的流程召开会议。

（2）准备会议的内容

会议的内容是会议的核心，整个会议都要围绕内容展开。不同目的的会议其议题和重点不同，管理者需要围绕会议的目的做好相应的准备。

例如，会议的目的是制定新项目的执行方案。那么会议的内容可以包括：新项目的相关介绍、新项目的执行目标、新项目的实施策略等。

除了制定会议内容外，管理者还需要准备与会议内容相关的资料，如项目背景资料、相关数据、PPT 等。

（3）明确会议的时间

会议的时间也是会议有效召开的一个重要因素,但往往也是管理者最容易忽视的一个细节。在一些管理者看来,他们可以随时召集员工开会。实际上,会议是一种双向沟通,只有管理者和员工都做好了充分的准备,会议才能更加顺利、有效地进行,彼此之间才能更好地沟通、协作。

所以说,如果不是非常紧急的会议,管理者要竭力避免临时组织会议,以免降低会议的有效性。此外,管理者最好提前 3 ~ 5 天通知员工具体的会议时间。为了让与会人员提前做好准备,调整工作时间,会议时间一定要具体到哪一天的哪个时间段,例如,2021 年 11 月 23 日(星期一)上午 8:00 ~ 10:00 召开××项目讨论会议。一旦确定了会议时间,就要尽量准时召开,一般不再做变动。

（4）管理会议的现场

在会议召开的过程中,管理者要具有一定的控场能力,能够维持会议的秩序,使会议可以按照既定的流程顺利展开。具体来说,管理者在会议现场要做好以下几件事:

第一,强调纪律。强调纪律是为了维持会议现场的秩序,确保会议可以顺利进行。例如,会议上不允许接打电话、玩手机等。

第二,严格遵守会议议程。除了纪律外,严格遵守会议议程也是确保会议顺利召开的关键环节。在会议开始时,管理者要将会议议程清楚地告知员工,例如可以以PPT 的形式呈现,并要求员工严格按照会议议程进行。

第三,鼓励参与。无论组织会议的目的是什么,都需要员工积极参与进来。因为只有员工深度参与的会议才是有效的,否则会议就会成为管理者的个人演讲。因此,在会议进行中,管理者应当让员工参与讨论,并鼓励员工发表自己的意见和想法。

第四,做好会议记录。会议记录可以用来记录会议重要内容,便于更好地指导下一步的工作。如果是大型的会议或者是重要会议,最好安排专门的人员负责会议记录。

（5）确定会后的行动

无论会议目的是什么,其最终归宿都是希望团队成员能够积极行动、加强协作。为此,确保会议有效性的最后一步是跟团队成员确定会后的行动。

首先,制定行动方案。明确的方案更加能激励员工立即行动起来。通常来说,一个明确的行动方案应包括具体的任务、执行日期以及责任人,见表6-1。

表 6-1　会后行动方案

任务	日期	责任人

其次,号召行动。号召行动是指要激励员工积极行动起来,促进会议目的的达成,

例如,"希望大家积极行动起来,我相信按照我们确定的方案执行,新项目一定能够完成得非常好。"

团队会议可以让团队成员在一起面对面的沟通,是一种群体决策方式,这种方式可以有效地避免决策的片面性,进而凝聚团队所有成员的力量,达成理想的团队协作状态。

💡 **Tips**

有效的会议是团队沟通与协作的有力工具。

---

6. 管理冲突:积极寻求第三变通方案

团队成员之间会因为对一件事的看法不同或者想法存在一些差异而产生冲突。但是这些冲突并不一定对团队发展造成危害。

高绩效团队的管理者往往比较在乎团队成员之间的不同想法,因为团队的力量和创造性主要来自团队成员的差异性。因此,在团队成员因为差异而产生冲突时,管理者不会为此感到焦虑,而是鼓励员工积极寻求第三变通方案。这样不仅能够有效地帮助员工解决冲突,还能够引导员工通过沟通协作找到更具有创造性的问题解决的方案。

当团队成员之间产生冲突时,如何鼓励员工积极寻求第三变通方案?

(1)引导员工带着同理心沟通

在本章的第一节中我们提到沟通的五项原则中就包括同理心。在寻求第三变通方案的时候,就需要运用有效沟通中的这一原则。

之所以产生冲突就是因为双方各执己见,都站在自己的立场上发表意见。在这种情况下,想要寻求第三变通方案几乎是不可能的。这种情况下,只有双方都以同理心去理解对方才能增进沟通和信任,进而才有利于寻找第三方案。

例如,关于新产品要采取线上还是线下的促销方式时,A 员工跟 B 员工因为想法

不同产生了冲突。A 员工说："我有自己的自媒体账号，我熟悉线上的促销策略，而且线上的流量肯定比线下的流量多。"B 员工反驳说："我不懂什么自媒体，我觉得还是采取传统的线下促销活动比较靠谱。"

案例中，A 员工和 B 员工都站在自己的角度发表了意见，而且他们的意见都有一定的道理。但是如果他们继续这样沟通下去，只会不欢而散，最终无法确定新产品促销的方案，进而影响新产品的销售。要解决这个问题，管理者就要引导 A 员工跟 B 员工带着同理心去沟通。

例如，"A 员工比较精通自媒体领域，所以他认为这种方式比较好，流量多肯定有一定的依据。B 员工不太懂自媒体，但他有非常丰富的线下促销经验，并且有非常成功的案例，所以他认为线下促销活动比较靠谱。你们俩的想法都非常好，而且各有所长。"

通过管理者的引导，A 员工和 B 员工都发现了对方的优势，理解了对方的想法，缓解了剑拔弩张的敌对气氛。在此基础上，冲突双方才能跳出个人利益得失，围绕团队利益进行沟通，积极寻找能够让团队利益最大化的第三变通方案。

（2）以团队利益为基础寻求第三变通方案

几乎所有冲突的根源都是为了维护个人利益。比如，上述案例中的 A 员工和 B 员工，他们针对新产品提出的促销方案都是在自己擅长的、可以轻松做出业绩的领域，他们的想法背后是"个人业绩、奖金"，所以他们会为了个人利益据理力争，进而产生冲突。如果他们看到的是团队利益，考虑的是团队业绩、产品销量…… 结果会如何呢？

团队成员的共同目标是追求团队利益最大化。一旦所有团队成员都意识到这一点，团队冲突将会很快冰消雪融。因此，在解决团队冲突时，管理者除了引导冲突双方带着同理心去沟通，更要强调团队利益的重要性，指导大家以团队利益为基础寻求第三变通方案。

例如，"你们俩提出的方案都很好。不过我们要清楚一点，我们最终的目的是提升团队的业绩，提升新产品的销量。我们现在应该讨论的不是 A 员工的方案好还是 B 员工的方案好，而是要讨论采取哪种方案更有助于提升新产品销量。"

在管理者的引导下，A 员工和 B 员工就会把焦点放在团队利益上。这时候他们就能主动化解分歧，寻求更有助于提升新产品销量、使团队利益最大化的第三变通方案。

冲突并不一定等于危害，团队管理者要将这种意识传递给员工，并让员工学会在遇到冲突时要冷静、沉着地带着同理心去沟通，并且以团队利益为重寻求第三变通方案。

Tips

> 解决冲突最好的办法是让双方能够站在同一战线,寻找第三方解决方案。

7. 工具:团队机能障碍评估、看板管理、二级反馈、BIC 负面反馈

工具一:团队机能障碍评估

打造高绩效团队的五大障碍,分别是缺乏信任、害怕冲突、缺乏责任感、缺乏可靠性、做事没有结果。这五大障碍其实就是团队机能障碍。团队管理者要想突破这五大机能障碍,首先就要准确地评估团队中存在哪些障碍,然后才能采取针对性的措施突破障碍。

团队管理者可以根据团队实际情况制定一个团队机能障碍评估表,见表6-2。

表6-2 团队机能障碍评估表

序号	问 题	得分
1	团队成员在讨论问题时非常激烈、投入,且无相互提防的情况	
2	团队成员在工作中会互相友好地指出对方的缺点或不利于团队发展的行为	
3	团队成员之间了解彼此的工作职责和具体的工作内容,知道每个人的工作对团队的价值	
4	当团队某个成员的言行不当或有损团队利益时,他们会立即真诚地承认错误	
5	团队成员愿意为团队的利益牺牲个人的利益	
6	团队成员敢于公开承认自己的缺点和错误	
7	团队的会议是高效的、有结果的,能够鼓舞员工的斗志	
8	在会议期间,团队成员会将重要且紧急的问题拿出来一起探讨	
9	尽管有时候团队成员之间会产生分歧,但是通过讨论,最终还是能达成上下一致的意见	
10	如果团队的共同目标不能实现,团队的士气就会受到很大的影响	
11	如果团队成员中有人被解聘,其他成员会非常关注这件事	
12	团队成员之间除了工作之外,也会聊一些工作之外的话题	
13	团队成员讨论后能够找到明确的解决方案,并且会立即采取行动	
14	团队成员之间会互相监督各自的工作计划和结果	
15	团队成员不会急于得到别人对自己工作的肯定,但是会很快指出他人做出的成绩	

注:3分=经常,2分=有时,1分=很少

借助表6-2我们可以对团队的机能障碍做出初步的评估,然后我们要针对五大障碍对得分进行统计,见表6-3。

表6-3　团队机能障碍评估得分表

第一种障碍 缺乏信任		第二种障碍 害怕冲突		第三种障碍 缺乏责任感		第四种障碍 缺乏可靠性		第五种障碍 做事没有结果	
题号	得分	题号	得分	题号	得分	题号	得分	题号	得分
第4题		第1题		第3题		第2题		第5题	
第6题		第7题		第8题		第11题		第9题	
第12题		第10题		第13题		第14题		第15题	
总分:		总分:		总分:		总分:		总分:	

根据表6-3计算出每种障碍的具体得分后,便可以按照评估规则评估团队的机能障碍情况。

8~9分:说明团队不存在这种机能障碍。

6~7分:说明团队存在这种机能障碍,但暂时不必突破。

3~5分:说明团队存在这种机能障碍,且急需寻找突破这种障碍的方法。

一般情况下,我们可以通过以上的问题和分值计算方式及规则,评估团队存在的机能障碍。当然,团队管理者也可以根据团队的实际情况,针对性地调整问题以及分值计算方式及规则。总而言之,最终目的是通过问题和分值评估出团队存在的机能障碍。

团队机能障碍评估的本质是为了帮助团队管理者找到阻碍团队沟通与协作中存在的本质问题,然后针对性地寻找解决方案,最终促成问题的解决。

工具二:看板管理

看板管理最初是由丰田汽车公司于20世纪50年代从超级市场的运行机制中得到启示,作为一种生产、运送指令的传递工具而被创造出来的。经过不断地发展和完善,看板管理已经在很多领域和管理流程中得以应用。

看板管理是指在工业企业的工序管理中,以卡片为凭证,定时定点交货的管理制度。"看板"是一种类似通知单的卡片,主要传递零部件名称、生产量、生产时间、生产方法、运送量、运送时间、运送目的地、存放地点、运送工具和容器等方面的信息、指令,图6-8为某生产部门的看板管理。

这种管理制度可以有效地传递工作现场的相关信息,杜绝现场管理中的漏洞,不仅有利于绩效考核的公平化、透明化,还能够促进团队沟通协作。在日常工作中,团队管理者可以借助看板管理提升团队沟通协作的效率。虽然一般团队的工序没有那么复杂,但是实际上几乎所有的团队协作都可以采取看板管理的方式。"看板"的具

生产看板管理		
生产进度	工作重点	公布栏
	品质异常	宣传栏

图 6-8　某生产部门生产看板管理

体内容需要根据团队的经营性质和工序来定。

例如,产品质检团队,他们的"看板"内容应当包括每日、每周、每月的品质状况分析、品质趋势图、品质事故的件数及说明、员工的技能状况、部门方针等,如图 6-9所示。

产品质量看板管理					
质量方针: ● 科学管理 ● 品质一流 ● 追求卓越 ● 满足顾客	质量分析	品质趋势图	品质故事	员工的技能状况	部门方针
质量目标: ● 产品最终检测合格率≥99% ● 顾客满意度≥95% ● ……					

图 6-9　产品质检团队的产品质量看板管理

通过看板管理,团队成员之间就能互相了解对方的工作具体状况和进度,进而可以更好地配合对方的工作,提升团队的整体绩效。

工具三：二级反馈

二级反馈是正面反馈的一种方式，是相对于正面反馈中的零级反馈和一级反馈而言的。

零级反馈是指没有任何反馈。团队成员之间不会因为对方做得好或者不好而给予任何反馈。很显然，零反馈不利于团队的发展。

一级反馈是指一味地表扬和鼓励对方。团队成员之间为了避免矛盾产生，会在对方无论对错的时候都给予表扬和肯定。一味地表扬和肯定，很容易让对方误以为你是在敷衍他，并不利于促进沟通协作的顺利进行。

二级反馈是指"表扬＋说明"，即在表扬对方的时候还明确告诉对方为什么会表扬他，这样有助于让对方知道自己哪些行为是可以继续保持的。

在团队协作中，管理者要鼓励团队成员之间采取二级反馈方式进行反馈。

团队成员在采取二级反馈的时候应当注意以下两点：

第一，善于发现团队其他成员的优点。只有看到了其他成员的优点，才能够给予正面反馈。这就要求团队成员在协作的时候要善于观察其他团队成员的行为和表现，从而发现他们的优点。

第二，明确告知对方你为什么要表扬他。比起表扬，对方往往更想知道你为什么表扬他。一方面对方可以知道你是在真诚地表扬他，另一方面对方能够清楚地知道自己哪些行为可以继续保持。

例如，"你太棒了，你的谈判能力惊人，可以直接击中对方需求，成功拿下了这次的谈判。""你这次的方案做得很好，连客户都称赞你设计的方案实操性强，能够帮助他们解决很多问题。""怎么样才能像你一样有这么强的执行力呢？这次的项目你不但提前半个月完成，还保证了质量，尤其是细节的处理简直完美。"

二级反馈可以让团队成员之间的沟通更加和谐，也有利进一步提升团队成员的优秀行为。所以，团队成员之间可以采取二级反馈的形式进行反馈，团队管理者也可以采取这种反馈形式进行向下反馈。

工具四：BIC 负面反馈

在反馈中，不仅要有正面反馈，也要有负面反馈。在进行负面反馈时，最重要的事情是要做到"对事不对人"，否则很容易让他人产生抵触心理，导致反馈无效。

BIC 工具就是很好的负面反馈技巧，即 B（行为，Behavior）、I（影响，Impact）、C（后果，Consequence）。

B（行为）：在谈及对方行为的时候要描述事实不要只阐述观点。

例如，双方约定上午 9 点见面商量工作任务，但是对方 9∶30 才到办公室。这个时候,不能说"你怎么总在关键时刻迟到",而应该说"我们约定的时间是 9 点,现在 9:30 了。"

这样就可以避免预设对方是一个不负责任的人,进而可以构建友好的沟通基础,让沟通顺利进行下去。

I(影响):这部分需要谈及对方的行为产生的影响,这种影响是短期的、局部的。

例如,"我们原定 9:00 见面商量工作任务,但是你 9:30 才到,所以我们没有办法在原定的 10:30 完成工作,我们现在必须去跟领导说明情况。"

谈及短期、局部的影响可以让对方更深刻、直观地认识到自己的行为产生的影响,进而可以警示对方下次不能再犯同样的错误。

C(后果):后果是指长期后果,这个比 I(影响)更为深远。在这一部分需要注意的是,不能只谈及对方的行为对公司或团队产生的深远影响,应尽量和员工本人的长期发展挂钩,让对方清楚地知道这些问题和失误关系到他个人的长远利益。只有这样做,才能引起对方的重视。

例如,"虽然这次只是不能按时完成工作,会对其他同事的工作产生一些影响,但是如果长期这样,管理者可能会认为我们工作不积极,团队其他人也会因为我们的工作影响他们的进度。这样非常不利于我们升职加薪以及更长远的个人发展。"

BIC 反馈工具需要团队成员反复练习,持续进步,不断地提高反馈的效果。

第七章 员工关系：持续激发团队内在能量

高绩效团队的能量不是与生俱来的，而是通过加强员工关系管理持续激发而来的。管理者要想打造一支高绩效团队，就要懂得做好员工关系管理，持续地激发整个团队的内在能量。

1. 有效激励的三个基本维度

高效能团队的核心是加强员工关系管理，持续激发团队的内在能量。为此，管理者首先要掌握有效激励的三个基本维度，如图 7-1 所示。

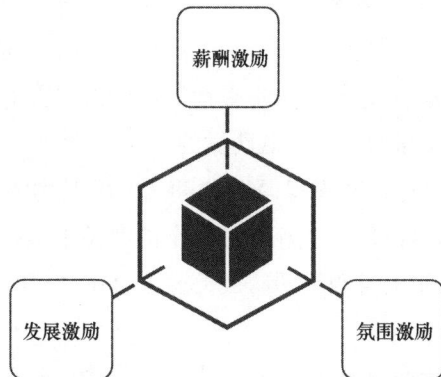

图 7-1 有效激励的三个维度

（1）薪酬激励

俗话说"重赏之下必有勇夫"，意思是用重金悬赏就会有勇于出来做事的人。同样的道理，在团队管理中，用薪酬激励的方式激励员工，也能提升员工工作的积极性和主动性。

薪酬激励方式主要有以下三种：

第一，金钱。金钱包括工资、奖金、紧贴、福利等，这种方式的激励作用非常明显。

第二，带薪休假。带薪休假也属于薪酬激励的范畴，且对于新时代的员工来说激励作用也比较强。特别是对于那些追求自由、向往美好生活的员工来说，更是情之所向。

第三，员工持股。员工持股属于薪酬激励中不常用但是激励作用非常强的薪酬激励方式。许多公司的实践表明，通过薪酬激励的方式激励员工，让员工变成公司的所有者后，他们不仅会以主人翁的精神投入工作中，并且基本不会做出损害公司利益的行为。

但是薪酬激励不是一味地提高工资、奖金，这样只会增加团队运营成本，而且也无法发挥出薪酬的激励价值。为此，管理者在采取薪酬激励的同时应当注意，薪酬激励一定要与员工的工作绩效挂钩。如果管理者能够将薪酬激励跟员工的工作绩效联系起来，那么团队成员就能清楚地知道如何做才能获得更多的报酬，进而更加积极努力工作。

（2）氛围激励

氛围激励是指在团队中营造一种积极的、有活力的团队氛围。通常来说，在激励氛围下，团队成员会更加积极地工作。所以，管理者除了要采用薪酬激励这种传统的激励模式外，还应当学会用氛围激励。

氛围激励主要包括三个方面：语言激励、行为激励和心态激励。

语言激励是指用积极的、肯定的语言激励员工。语言激励一般有四个技巧。

一是感谢技巧，例如"谢谢你为团队所做的一切"。

二是欣赏技巧，例如"你这次表现得不错，我非常欣赏你"。

三是展望技巧，例如"好好干，我相信你一定能够做出很好的成绩"。

四是协力技巧，是指用语言激励团队成员通力合作，例如"各位成员，我们一起努力，一定可以实现我们的梦想。"

行为激励是指管理者通过具体行为营造激励氛围。行为激励法一般包括以下四种：

一是"以身作则"。管理者是团队的"首席标杆"，其力量是无穷的。当管理者积极、主动、热情地投入工作，团队成员也会效仿管理者的行为。

二是"营造危机"，适当的危机感也是一种有效的激励氛围。为此，管理者可以适当地为团队营造一些危机感。例如，适当地增加员工的工作难度。

三是"正念引导"，是指管理者要积极地为团队创造"出业绩""打硬仗"的氛围，引导团队成员树立正确的思维导向和行为导向，规避负能量。

四是"争取权益"，是指管理者要把管理工作做得更细致，要竭尽全力为员工提供资源、帮助，为员工争取更多的权益。

心态激励是指从心理层面激发员工的积极性和热情。心态激励主要有两种方式。

一是梦想激励。每个员工都有自己的梦想，管理者应当了解员工的梦想，并以此激励员工不断地努力工作。

二是荣誉激励。主要是把工作成绩与晋级、提升、评先进联系起来，以一定的形式或名义标定下来，主要的方法是表扬、奖励等。这种激励与薪酬激励不同，薪酬激励属于外在驱动，荣誉激励属于内在驱动，更加能驱动员工积极地为团队做贡献。

当管理者能够做到用语言和行为激励员工的时候，团队的氛围就会变得更积极、活跃，再加之心态层面的激励，员工会更加积极、热情、主动地投入到工作中，为团队贡献自己的力量。

（3）发展激励

发展激励是指提供个人发展和晋升的机会，这种激励方式几乎对所有的员工都有一定的吸引力和激励作用。

马斯洛需求层次理论的最顶层是"自我实现需求"，个人的发展就属于一种自我实现。由此，个人发展应当说是每位团队成员的终极梦想。如果管理者能够用发展激励员工的话，那么激励作用可想而知。

首先，帮助员工制定个人发展计划。管理者应当根据员工的个人追求和实际能力帮助员工制定个人发展计划，并要监督和帮助员工实现个人发展计划。

其次，为员工设置发展、晋升通道。这是用发展激励员工的最关键一环。因为只有设置了清晰的发展、晋升通道，员工才能明确知道自己可以通过什么样的方式实现个人发展和晋升，进而激励自己为未来发展而努力工作。

诚然，有效的激励不只是金钱，还有氛围和个人发展。当管理者学会从这三个维度全方位地激励员工时，团队的能量才能持续迸发，进而将团队打造成一支高绩效团队。

> **⚡ Tips**
>
> 有效激励的三个维度分别是薪酬激励、氛围激励和发展激励。

2. 尊重团队成员之间的差异

高绩效团队是差异的组合，是优势和劣势互补、协作的结果。管理者要想打造高绩效团队就要明确这一点,并且要做到在实际的管理工作中尊重团队每一位成员的差异,使得这些差异产生更大的能量。

(1)正确认识团队成员之间的差异

尊重团队成员之间差异的前提是正确认识团队成员之间客观存在的差异。

团队成员之间的差异是客观存在的。著名哲学家戈特弗里德·威廉·莱布尼茨(Gottfried Wilhelm Leibniz)曾说:"世界上没有两片完全相同的叶子。"这句话强调的是物种的多样性。实际上,人也是如此,世界上没有两个完全相同的人。不同的教育背景、家庭背景、教育程度等因素,决定了人们的性格、能力、对事物的认知、思维模式等都是不同的。对于这种必然的、客观存在的事情,管理者要做的是用正确的态度认识并接受。

团队成员之间的差异未必一定会引发矛盾。一些团队管理者对团队成员间的差异会存在一定的认知误区。他们可能会认为,团队成员之间存在差异一定会引发内部矛盾,进而会影响团队的工作效率。不可否认的是,存在差异的人沟通起来容易产生矛盾,但这件事并非必然。客观来说,团队成员之间存在差异,意味着他们可能有不同的能力、想法、观点、认知……而这些不同往往能够激发更多的创造力,而这正是高绩效团队需要的能力。

对团队成员之间的差异有更深入的认识后,管理者要做的就是在工作中要尊重团队成员之间的差异,做到一视同仁。

(2)高效利用员工之间的差异化

真正意义上对成员之间差异的尊重,就是能高效利用员工之间的差异化,使团队每一个人都能发挥自己的长处,为团队贡献更大价值。简单来说,就是要做好员工的差异化管理。管理者对团队成员进行差异化管理可以参考以下三个策略。

第一,根据不同员工的性格进行差异化管理。个性差异在团队人力资源管理中起着关键的影响作用,作为团队管理者必须懂得因地制宜,根据团队不同成员的个性进行差异化管理。这种差异化管理主要包括优势互补和人岗匹配。

第二,根据员工的不同类型进行差异化管理。团队员工的类型有很多,但是按照大体来分可以分为两类:一是生产型员工,另一类是知识型员工。生产型员工以体力劳动为主,对脑力要求不高。生产型员工与其他员工相比,更在乎团队提供的物质待遇,如报酬、办公条件、节假日福利等。所以对于生产型员工,管理者需要多关注并解决员工的切身利益,如薪酬、办公条件等;知识型员工的工作具有创造性,不同于体力劳动,需要依靠自己的知识积累和灵感来应对工作中出现的问题,以便更好地完成工作任务。这类员工一般具有较强的独立主动性、思维比较活跃,不喜欢按部就班地完成工作任务，希望有灵活的工作场地、时间等。对于这类型员工，管理者可以采取弹性工作制，并给他们安排一些具有挑战性的任务，激发他们的主观能动性。

第三，形成差异化的岗位培训。差异化的岗位培训是指根据团队规模、发展阶段、不同员工的需求等，为员工提供针对性、实用性的培训。差异化的岗位培训有助于解决不同员工存在的短板和问题，从而产生更高的回报。作为管理者应当根据不同岗位员工的需求，制定具体可行、针对性较强的培训计划。

进行差异化管理能够更大限度地发挥员工的价值，对于员工来说是最大的尊重。为此，团队管理者要尊团队重每一位成员的差异性，认识到他们的个体价值，并充分利用他们之间的差异性，将他们放到最能发挥自己特长的岗位上。这更能让整个团队充满能量，和谐健康地发展。

Tips

只有学会尊重个体差异，才能发挥个体的潜能。

3. 创造互信公开的团队氛围

互信公开是高绩效团队发展的基石。在此基础上，团队成员才能更好地协作，发挥自己的能力，创造高绩效。否则，团队成员之间会矛盾频发，团队管理会一片混乱，更谈不上创造高绩效。由此，管理者要想实现绩效突破还应当为团队创造互信公开的氛围，如图 7-2 所示。

图 7-2　高绩效团队氛围

（1）创造互信的团队氛围

高绩效团队成员之间会无条件地信任彼此，这也是他们能创造高绩效的关键。团队管理者可以参考以下几种方式，为团队创造互信的氛围。

第一，将团队信任纳入团队文化，作为优良文化传承。管理者可以从以下两个方面将团队互信纳入团队文化:一是在团队的工作制度、规范中,明确要求团队成员之间要互相信任;二是在团队会议或安排工作的时候,要将团队信任的意识传递给员工。

第二,奖励互相信任的行为。奖励互相信任的行为是一个比较有效、直接的创造团队信任氛围的方法。当团队成员之间因为互相信任而高效地完成工作时,管理者便可以公开表扬这些员工。这样做不但可以激励员工继续保持互相信任的行为,还可以给其他员工带来示范作用,激励他们增进信任。

第三,组织开展集体活动或日常小游戏。管理者可以组织一些集体活动或日常小游戏,帮助团队成员增强彼此之间的信任。

例如,"地雷阵游戏"。游戏规则是:用绳子在一块空地圈出一定范围,洒满各式玩具(如娃娃、球等)作为障碍物。团队成员两人一组,一人指挥,另一人蒙住眼睛,听从同伴的指挥通过地雷阵。过程中只要踩到任何东西都要重新开始。指挥者只能在线外,不能进入地雷阵,也不能用手扶伙伴。

游戏注意事项:不可用尖锐或坚硬物做障碍物;不可在湿滑地面进行;需注意同时进行游戏的蒙眼者是否会对撞。

第四,合作办公。当一名员工需要另一名员工的协作才能完成工作任务时,他们会自发地信任彼此。为此,管理者在安排工作时,可以安排一些需要2~3名员工协作才能完成的工作任务,然后让他们共享任务达成的成就和荣誉。这样的方式可以较好地增进员工之间的感情,增强彼此之间的信任度。

第五,开展交流会。信任感很大程度上取决于彼此之间的熟悉程度。对于陌生人我们的信任感几乎为零,但是对于熟悉的人,我们更容易产生信任感。管理者可以通过开展交流会的方式,帮助团队成员加深彼此之间的了解,提升信任感。这种交流会要区别于正规会议,要营造出一种轻松、舒适的氛围,让员工感觉像是在跟亲密的朋友喝下午茶。在这种交流氛围之下,团队成员才愿意敞开心扉,达到相互交流、增进了解的目的。

(2)创造公开的团队氛围

公开的团队氛围能够让员工感受到公平、公正的对待,进而激发员工的内在能量,提高工作绩效。创造公开团队氛围的方式主要有以下几种:

第一,对员工进行详细的解释说明。团队的沟通经常伴随着管理者向员工的解释说明,包括解释说明团队战略、团队绩效目标、执行计划等。如果管理者能将这些信息对团队所有成员进行详细的解释说明,那么整个团队的信息就是公开的,自然能够形成更加公开的团队氛围。

第二，日常工作会议。日常工作会议是基于日常工作任务的具体情况、进度等召开的会议，主要目的是让团队每一位成员都了解团队整体的工作情况、进度，以及团队其他成员的状况。这也是公开团队信息的一种方式。

第三，团队成员之间自由对话。管理者要允许团队成员进行自由对话，交谈关于工作的相关问题。一旦管理者限制团队成员进行自由对话，很容易让员工认为团队很多信息是不能公开的，进而会存在不公平的心理，影响工作效率。

第四，公开发表意见。无论是管理者还是团队成员，都要能拿起"话筒"公开表达自己的想法和建议，这样才能让员工感受到真正意义上的"主人公"氛围。

第五，公开奖励。公开奖励员工，既能更好地激励被奖励的员工，也能让其他员工感受正向成长的力量。

第六，统一信息平台。统一信息平台是创造公开团队氛围的关键。只有团队所有成员都使用统一的信息平台交流或记录内部信息，团队信息才是公开、公平、公正的，员工才能发自内心地感受到这种氛围。

团队氛围和团队成员之间的关系就好像是空气和人、鱼和水的关系，也就是说团队氛围会对员工的成长带来很大的影响。好的氛围造就高绩效团队，管理者要学会采取正确的方式，为团队创造互信公开的氛围。

> **Tips**
>
> 互信公开的团队氛围能够在一定程度上增强团队的凝聚力，进而可以润滑员工关系，不断激发团队正能量。

4. 鼓励变革与创新

百事可乐公司的前任首席执行官韦恩·卡罗威（Wayne Calloway）曾坚定地认为，最坏的管理法则就是"没有损坏，就不要修补"。但是在VUCA时代，他改变了之前的想法，他倡导的是"即使东西没有损坏，你也要主动打破它，因为它很快就会落伍"这句话强调的是变革与创新。在日益变化的时代，任何事物要想跟上时代的步伐走得更远，就要懂得变革与创新：

团队的发展也是如此。变革与创新可以说是高绩效团队的生存之本，只有团队成员具备超强的变革与创新精神，团队的能量才能被持续激发。

工作中的变革与创新，其实就是指团队成员为了更高效地完成工作任务，为了实现团队的共同愿景，不断改变之前传统的工作方式、理念、思维模式等，以更好地适应

这个变化着的世界。具体来说,团队管理者可以从以下几个方向鼓励团队成员变革与创新:

(1)为变革与创新创造积极的压力

心理学研究表明,一般情况下,人们处于安逸的状态时不会思考如何变革与创新。相反,当人们处于有压力的状态时,便会积极、主动地思考要如何变革与创新以突破当前的困境。因此,管理者应当为团队成员创造积极的压力。

实践中,管理者可以安排一些难度系数相对而言较高的工作任务,或者设定一些超越员工现有能力之上的高目标。这种方式可以创造一种积极的压力,能够激发员工主动思考如何变革与创新才能完成工作任务,达到目标。但是难度不宜过大,这样会导致员工因为压力太大而选择放弃。

(2)变革与创新要与绩效考核挂钩

变革与创新一定要与团队绩效考核挂钩,否则员工会认为变革与创新只是管理者的口号。

例如,有一家公司曾告诉员工,不要担心工作失败,只要敢于变革与创新。但是这家公司在做绩效考核的时候时只关注员工有没有完成工作任务,是否达到了绩效目标。长此以往,团队成员就不会再关注如何变革与创新,只会按部就班地完成工作任务。

由此可见,团队管理者要鼓励变革与创新,就应当与相关绩效考核挂钩,将"变革与创新"这项指标纳入考核范畴。

(3)奖励并宣扬因变革与创新取得成功的员工

奖励并宣扬因变革与创新取得成功的员工是鼓励员求新求变的一种比较简单、直接的方式,也是最基本的一种方式。

例如,销售部门的员工提出了一个比较有创意的销售方案,经采用后使团队当月的销售量与上月比翻了一倍。管理者就应当公开奖励这名员工,说明这名员工的创新让团队取得了好的成绩,并鼓励这名员工再接再厉,号召团队其他员工向这名员工学习。

除了口头奖励、宣扬外,管理者还可以在团队内部设置创新奖、变革明星等措施,予以相应的奖金。此外,还可以制定一个变革、创新贡献榜单,将获得奖励的员工的名字张贴在榜单上,形成带动效应。这样员工既能获得荣誉感和成就感,又可以得到物质奖励,创新变革的主动性就会越强。

(4)对员工的变革与创新给予支持

鼓励员工变革与创新的同时,管理者一定要有意识地为员工的变革与创新做出改变。换句话说,管理者要愿意改变自己固有的看法,并对员工的变革与创新给予支持。

例如,某新媒体短视频团队的员工,提出了一个新的创意。虽然团队管理者让他表达了自己的想法,但是并没有对这个想法产生兴趣,也不想为此做出改变。长此以往,这名员工的内心受到了打击,于是跳槽到了另一家公司。这家公司鼓励员工积极变革与创新,并愿意极力支持员工。由此,这名员工在这家公司得到了重用,且为这家公司创造了更高的业绩。

愿意为员工做出改变并为员工提供支持,其实就是在想法和行动上全方面鼓励并支持员工的创新行为,能够有效地让变革与创新落入实地,避免"变革和创新"沦为一句空话。此外,管理者在鼓励员工变革与创新的同时,一定要先接纳员工新的想法和创意,且愿意为之做出改变,并尽力给具有变革和创新精神的员工提供支持。

变革与创新能够有效激发员工的创造力、潜能,进而激发整个团队的强大能量。为此,团队管理者应当培养自己变革与创新的思维,并鼓励员工致力变革与创新。

‍💡 **Tips**

变革与创新是一个团队在 VUCA 时代赖以生存的法宝。

5. 支持并认同员工的发展

一些基层管理者不是特别关注员工的发展。这是因为他们担心员工获得了更好的发展后,自己的位置很可能会被取而代之。但实际上,只有员工获得了更好的发展,管理者的位置才能够再上一个台阶,团队才能创造高绩效。

员工的发展是指结合员工岗位需要及个人发展意向,经过管理者和员工双方沟通达成的促使员工自身素质、技能提高的发展计划。具体来说,支持并认同员工的发展对团队员工有以下几个优点:

第一,有助于激发员工的工作积极性和创造性。员工的发展就是员工的目标,无论是团队还是个人,如果没有明确的目标就会缺乏动力。当员工有明确的发展方向后,他们便能清楚地知道自己要为今后的发展做哪些准备,要如何克服困难等,进而激发员工的工作积极性和创造力。

第二,有利于增强员工对工作的控制能力。当员工明确自己的发展方向后,他们便会根据自己的优势和劣势,对自己的工作任务进行详细的分析,并合理地制定工作计划、分配和管理自己的时间。这些都有利于增强员对工作的控制能力。

第三,有助于帮助员工实现自我价值。员工的个人发展可以驱动员工追求更高层次的自我实现需求,有利于帮助员工实现自我价值。

那么,管理者要如何支持并认同员工的发展?

(1)帮助员工制定个人发展计划

如果没有个人发展计划,管理者对员工发展的支持和认同就是一句空话。一般来说,支持并认同员工的发展首先要做的事情是帮助员工制定个人发展计划。帮助员工制定个人的发展计划可以遵循以下几个步骤,如图7-3所示。

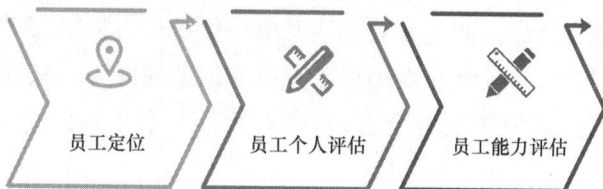

员工定位　　　　员工个人评估　　　　员工能力评估

图7-3　帮助员工制定个人发展计划的三个步骤

第一,员工定位。管理者应当帮助员工进行准确的自我评价和定位,进而才能根据员工的实际"量身定制"相应的个人发展计划。例如,某位员工对自己的定位是成为行业内的顶尖人才。

第二,员工个人评估。员工个人发展规划的过程是由员工对自己的兴趣、能力、个人发展需要及目标评估开始的。所以,管理者在帮助员工制定个人发展计划的时候,还应当帮助员工做好自我评估。员工评估的内容包括分析自我的性格、兴趣、能力、优势等。在员工进行自我评估的过程中,管理者要为员工提供指导,如提供自我评估的问卷或员工工作中的表现,以便让员工能更加客观、真实地评价自己。

第三,员工能力评估。团队管理者对员工能力评估的目的,是为了确定员工是否能实现个人的发展计划,这个评估是基于员工的工作表现和工作能力。团队管理者可以通过三种方式评估员工的能力。

一是利用招聘筛选时获取的信息。

二是员工当前的工作情况。

三是员工个人的自我评估结果。

对员工的能力进行评估可以帮助员工确定个人发展的方向,同时也能帮助员工清楚地认识到自己的优势和劣势,进而可以帮助员工定制适合自己的发展计划。

(2)加强对员工的职业培训

员工要想实现个人发展,就应当具备丰富的职业方面的知识、技能,作为团队管理者应当加强对员工的职业培训。

首先,科学合理设置职业培训课程。在实际的培训课程当中,管理者应当注重提升培训的实用性和针对性,促使培训可以有效提升员工的知识、技能。为此,管理者需要跟员工沟通或者基于对员工平时工作状态的了解,为员工制定针对性的培训课程。

其次,建立严格的培训考核机制。为了确保培训的效果,管理者还应当建立严格的培训考核机制,定期对员工进行考核。

除了要加强员工的职业培训外,管理者还应当在工作中采取一切可以提升员工能力的方式帮助员工提升能力,使员工能够尽快满足个人发展需要的相关知识和技能。

（3）为员工提供发展的平台

支持并认同员工发展的关键是为员工提供良好的发展平台。通常来说,管理者可以从以下两个方面为员工提供平台:

一是晋升。晋升是为员工提供个人发展平台常用的一种方式。晋升不仅包括岗位,也包括薪资、工作范围。岗位晋升是有限的,但发展的机会是无限的。所以,管理者不应当局限任何一种晋升形式。

二是岗位轮换。岗位轮换也是支持员工个人发展的一种形式。因为通过岗位轮换可以让员工更全面地认识团队的情况,获取更全面的知识、技能,进而有助于员工进一步明确发展方向。

当然,员工的个人发展平台远不止这两个,具体要为员工提供什么样的发展平台,需要根据员工的能力和个人需求来定。但是无论如何,其最终目的都是为了帮助员工实现个人发展,展现个人价值。

总之,员工的发展是团队提高员工整体素质、培养人才的有效措施,也是团队开发潜在人才、留住优秀人才的有效手段。一个团队只有支持并认同员工的发展,才能成为高绩效团队。

💡 **Tips**

员工获得了更好的发展,团队才能走得更远。所以说,管理者应当支持并认同员工的发展。

6. 让员工切实感受到你在为他们争取权益

团队绩效不高的一部分原因是员工认为管理者所做的一切事情都是为了压榨他

们的价值,使得自身可以获得更多的权益。实际上,一些管理者在工作中会尽可能多的为员工争取权益,但是还是容易被员工误解,影响员工的工作效率。为了解决这个问题,管理者要做的不只是在工作中尽可能多地为员工争取权益,还应当让员工切实地感受到你在为他们争取权益。

(1)建立完善的员工权益保障制度

管理者应当根据团队的实际情况以及相关法律法规的要求,建立完善的员工权益保障制度,并严格按照制度执行管理任务。

一般来说,员工的权益保障制度内容应当包括员工的薪酬、福利、假期、绩效考核等,内容越详细越利于保障员工的权益,也越能让员工感受到管理者在为他们争取权益。

例如,某团队的员工权益保障制度中的薪酬制度如下:

新入职的员工第一个月有 30 天的保护期。第一个月只要业绩达到 10 000 元,即当月底薪按 2 500 元发放,高于 10 000 万元的业绩按照市场部现有提成比例发放,不足 10 000 元按照底薪 2 000 元发放。从第二个月开始按正式考核。

第一,职能工资。

未完成团队业绩,见表7-1:

表7-1　未完成团队业绩

排　名	第　一　名	其　　余
职能工资	2 500 元	2 200 元

完成团队业绩,见表7-2:

表7-2　完成团队业绩

排　名	第　一　名	其　　余
职能工资	2 800 元	2 500 元

超额完成团队业绩150%,见表7-3:

表7-3　超额完成团队业绩150%

排　名	第　一　名	其　　余
职能工资	4 000 元	3 500 元

超额完成团队业绩200%,见表7-4:

表7-4　超额完成团队业绩200%

排名	第一名	其余
职能工资	6 000 元	5 000 元

第二,业绩提成,见表7-5:

表7-5　业绩提成

完成情况	未完成	完成	超额完成150%	超额完成200%
提成比例	1%	1.5%	2.0%	3.0%

团队业绩未完成,见表7-6:

表7-6　团队业绩未完成

完成情况	个人未完成	个人完成	个人超额完成150%	个人超额完成200%
提成比例	1%	1.5%	2%	3%

团队业绩完成,见表7-7:

表7-7　团队业绩完成

完成情况	个人未完成	个人完成	个人超额完成150%	个人超额完成200%
提成比例	2%	3%	4%	5%

团队业绩超额150%完成,见表7-8:

表7-8　团队业绩超额150%

完成情况	个人未完成	个人完成	个人超额完成150%	个人超额完成200%
提成比例	2%	4.0%	5%	6%

团队业绩超额200%完成,见表7-9:

表7-9　团队业绩超额200%完成

完成情况	个人未完成	个人完成	个人超额完成150%	个人超额完成200%
提成比例	3%	5.0%	7%	9%

除此之外还包括饭补、个人年终绩效奖金、团队月奖金、发放规则等方面的详细内容。通过完善的激励制度可以让员工感知到管理者设置薪酬以及奖金的目的是帮助他们争取权益,希望他们通过努力可以获得这些权益。

(2)帮助员工获得应得的权益

除了要建立完善的员工权益保障制度,管理者还应当帮助员工获得应得的权益,这样才能让员工切实感受到制度设计的红利。

帮助员工制定实现绩效目标的计划。通常来说，员工的权益都会跟绩效挂钩，因此要让员工获得应得的权益，管理者就应当帮助员工制定完成目标的计划。在帮助员工制定绩效目标计划的时候，管理者要与员工深入沟通，了解员工的想法，再根据员工平时工作的表现以及展示的能力，与员工一起协商制定一个具体详细又能够促进绩效目标实现的计划。

帮助员工排除获取权益的困难。在帮助员工获取权益的过程中难免会因为各种各样的问题，进而影响员工获得权益。但是无论遇到什么问题，管理者都要及时帮助员工解决，让员工可以获得应得的权益。

说明没有获取权益的原因。当员工因为某些问题无法获得自己期待的权益时，管理者一定要详尽地向员工说明其无法获得相关权益的原因，并且要告知员工应该如何改进，未来才能获得期待的权益。

例如，某位员工提交了一次岗位晋升申请，但是被驳回了。这个时候管理者就要告诉员工说："你这次晋升失败的主要原因是今年完成的项目不是非常突出，没有达到晋升标准。希望你在今后的工作中多参考专业的项目设计方案，再接再厉。"

团队管理者最基本的职责就是为团队成员争取权益。因此，团队管理者不能只顾团队的整体利益，更应当为员工个人争取权益。只有这样做，个人权益才能与团队权益有效结合，进而激发团队成员的内在潜能，成功打造一支高绩效团队。

> 💡 **Tips**
>
> 只有当员工明确感知到管理者在为他们争取利益的时候，他们才愿意衷心追随你，全力为团队做贡献。

7. 庆祝团队取得的成就

团队管理者在带领团队开展工作的过程中，一定要学会在取得成就时为团队和员工庆祝。这样做能有效激发团队的内在能量，更能激发团队成员继续前进的信心和解决困难的决心。

在实际的团队管理工作中，管理者应当如何庆祝团队取得的成就呢？首先，在庆祝团队取得的成就之前，管理者应当明确一个问题：团队取得什么样的成就时需要庆祝？

对于此问题，不少管理者认为，一定要在团队取得巨大成就时才需要庆祝，例如当团队实现绩效目标翻倍的目标时。但是，优秀的管理者从来不会只在团队取得巨大成就时才为他们庆祝，而是会在团队成员工作的过程中随时找寻到可以庆祝的小成就。

网络上曾流行一个名词"小确幸"，是指微小而确定的幸福。这是新时代员工崇尚的一种生活方式。生活中他们追求"小确幸"，工作中他们也会追求"小成就"——微小而值得庆祝的成就。所以，为了适应新时代员工的新特点，团队管理者应当在团队取得一些小成就时，就给予团队一定的激励。这样更能强化员工的工作动机，让他们有动力去追求更高目标。

团队取得的小成就如何定义？需要根据团队的经营性质、发展情况以及团队成员的具体情况来定。

例如，团队成员顺利地解决阶段性难题时，或者团队成员集思广益想出一个较有创意的策略时。

（1）明确庆祝的最终目的

为团队庆祝的目的是让团队成员明确他们取得的成就，并与他们分享喜悦。但是这并不是最终目的，庆祝的最终目的有两个。

一是让团队成员明确有哪些做得好的地方。当管理者为团队庆祝时，团队成员就能清楚他们因为做了什么样的事而获得成就，进而可以了解今后的工作中要如何做。

二是激励团队成员做出更好的成绩。为团队庆祝的目的不只是为了分享当下的喜悦，更是为了激发团队成员的工作积极性和热情，激励团队成员在今后的工作中做出更好的成绩。

（2）确定庆祝的形式

管理者要根据团队成员的需求确定合适的庆祝形式。一般来说，庆祝的形式主要有两种。

一是团队会议。团队会议是指以会议的形式庆祝团队取得的成就，让大家一起对取得的成就进行交流，分享喜悦。这里要提醒管理者注意的是，此类庆祝会议需要的是积极、活跃的氛围，因此会议上不要过于严肃，要多赞美团队成员，调动大家的参与热情。一般来说，团队取得小成就时可以用这种形式庆祝。

二是庆祝活动。庆祝活动是指为庆祝团队取得的某个成就，专门举办的较大型的一种活动。这样的庆祝活动一般可以在公司的办公大厅或专业的活动场所举办。由于活动涉及内容较多，包括经费、物品、人员等方面的统筹。

（3）做好相关准备

在庆祝会议或活动开展之前，管理者要为庆祝活动做好相关准备，重点是做好以下几个准备：

①相关资料。包括相关资料、数据、PPT 等。为了让员工明确了解他们获得了怎样的成就以及背后的原因，管理者需要用详细的信息予以说明，因此必须提前准备相关资料。

②相关物资。在庆祝中一般都需要准备一些小礼物，如果是大型的庆祝活动还要准备宴会和奖品等。由此，在庆祝活动开始之前，管理者应当安排相关人员提前准备相关物资。

做好以上工作之后，管理者就可以根据庆祝活动的主要目的，有针对性地组织庆祝会议或活动。在庆祝会议或活动现场，管理者要鼓励大家积极表达自己的想法，让大家共同分享团队此刻的喜悦。此外，要提醒管理者注意的是，庆祝团队取得成功的时候，要强调团队每一位成员的贡献。

例如，"在此次营销活动中 A 员工的营销方案非常有创意，B 员工寻找的活动场地非常合适，C 员工策划的活动形式非常有趣……"

这样才能让员工感受到管理者是在为团队中的每个人庆祝，更加能增强大家的集体荣誉感，促进团队协作。

对于团队成员而言，如果他们能够在取得一些小成就时就能及时获得肯定，那么在今后的工作中，他们也会持续发力。对此，管理者一定不能"吝啬"，应当在团队成员取得一些小成就的时候就为他们庆祝。

> 💡 **Tips**
>
> 随时庆祝团队取得的小成就，有利于保持团队士气和团结。

8. 关注并保持员工的身心健康

员工是团队最大的财富，而身心健康是员工最大的财富。作为团队的管理者，为了保障团队最大的财富，应当始终关注并保持员工的身心健康。

首先，管理者要养成关注员工身心健康的意识，要做到时刻关注员工，学会通过员工的行为判断员工的身心是否健康。

关注到团队成员的身心健康存在一些问题后，团队管理者应当采取一些措施帮助员工缓解或规避遇到的问题，以促进团队每一位成员身心健康，更加全身心地投入到工作中。

员工的身心健康包括两个层面的内容，一是身体健康，二是心理健康。下面分别从这两个层面展开阐述,管理者如何让员工保持身心健康。

(1)身体健康:员工工作的"本钱"

身体是革命的本钱。对员工而言,身体是工作的"本钱"。如果员工没有一个健康的身体,那么他们对待工作就会力不从心,进而无法有效地释放自己的能力。

为确保员工有一个健康的身体,管理者可以为团队成员提供以下服务。

第一,安排健康知识讲座。为了提高员工的身体健康意识,管理者可以为团队成员安排一些健康知识讲座。讲座知识包括各类疾病常识以及预防技巧等。

第二,组织定期体检。有些团队会将定期体检纳入团队的福利当中。这是一个比较好的制度,可以有效确保员工的身体健康。当然,具体要根据团队的经营状况来定,因为体检需要一定的费用和长期投入,还需要管理者量力而行。

第三,设置健身房。一些大型企业会设置健身房,让员工在工作之余有一个专业的健身场所,以提高员工的身体素质。同样,健身房也需要投入一定的成本,对于一些小团队来说可能很难做到。但是,他们也可以引入一些低成本的健身设备,如哑铃、跑步机等,让员工在工作之余可以适当运动,提高身体素质。

保持团队成员的身体健康是开展一切团队活动的基础,也是团队管理者的首要职责。

(2)心理健康:员工高效工作的保障

员工心理健康是指员工有一种高效而满意的、持续的心理状态,这种积极的心理状态能够激发员工工作的积极性。为了保持团队成员的身体健康,管理者可以为团队成员提供以下几方面服务:

第一,安排心理健康知识讲座。与身体健康一样,管理者也可以为团队成员安排专业的心理健康知识讲座,包括职业相关的心理健康,如职业倦怠、工作压力、人际关系等方面。

第二,设置心理咨询室。大型的团队可以设置专业的心理咨询室,聘请专业的心理咨询师。从节约成本的角度考虑,小型团队可以由团队管理者担任心理咨询师的角色,帮助团队解决心理健康方面的问题。这就要求团队管理者必须学习和掌握一些简单的心理学方面的知识。

第三,适当减轻员工的工作量和压力。员工的心理健康很大程度上跟工作量及压力有关,因此管理者要适当减轻员工的工作量和压力。此外,管理者应当根据员工的岗位职责和工作能力安排任务,即便想给员工安排一些具有挑战性的任务,也需要掌握一个度。这个度是员工"跳一跳"能够得着。

第四,定期组织一些解压活动。有趣、好玩的解压活动也是帮助团队成员解决心理问题的有效途径,团队管理者可以定期组织一些解压活动,如团队吐槽大会。

了解员工心理健康状况并确保员工有良好的心理素质,可以帮助员工从心理焦虑和恐慌中成功解脱出来,进而以更加积极的心态去面对工作。

综上,作为团队的管理者应当将"关注并保持员工的身心健康"之理念融入日常的管理实践中,并使之成为贯穿始终的重要任务,最终让团队成员切身感受到来自团队的关怀和温暖。

> **Tips**
>
> 关爱员工的身心健康,是促进团队和谐与健康发展的前提。

9. 工具:马斯洛需求层次理论、ERG 需要理论、成就需要理论、双因素理论、公平理论、职业生涯规划、员工满意度调查、团队 EAP

工具一:马斯洛需求层次理论、ERG 需要理论、成就需要理论

只有明确员工不同层次的需求,才能尽可能因人而异做好员工管理,激励员工持续为团队贡献力量。

在实际的团队管理工作中,马斯洛需求层次、理论 ERG 需要理论和成就需要理论是一些管理者常用来分析员工需求、激励员工的管理工具,且有不错的成效。这三个理论都属于内容型激励理论,出发点都是通过满足员工某个层次的需求来激励员工,但是也存在一些差异。

(1)马斯洛需求层次理论、ERG 需要理论、成就需要理论的概念

马斯洛需求层次理论是著名心理学家亚伯拉罕·马斯洛(Abraham H. Maslow)提出的,他认为人的需求可以自下而上分为 5 个层次,依次为生理需求、安全需求、社交需求、尊重需求和自我实现需求,如图 7-4 所示。

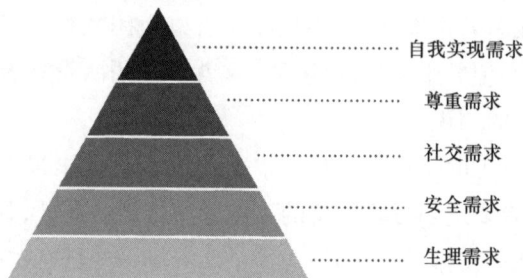

自我实现需求
尊重需求
社交需求
安全需求
生理需求

图 7-4 马斯洛需求层次理论

以上五种需求是人们生存最基本的需求，也是与生俱来的需求，能够成为激励和指引个人行为的力量。不同的个人其需求有所不同，而且他们的需求是自下而上发展的，当人们的某一方面的需求满足时，他们会自发寻求上一个层次的需求。

ERG 理论是由著名组织行为学教授克雷顿·奥尔德弗（Clayton Alderfer）在大量实证研究基础上，对马斯洛需要层次论加以修改而形成的一种激励理论。ERG 是生存（Existence）需要、相互关系（Relatedness）需要、成长（Growth）需要三个核心需求理论的简称。因这三个英语单词的字头 E、R、G 而得名，如图 7-5 所示。

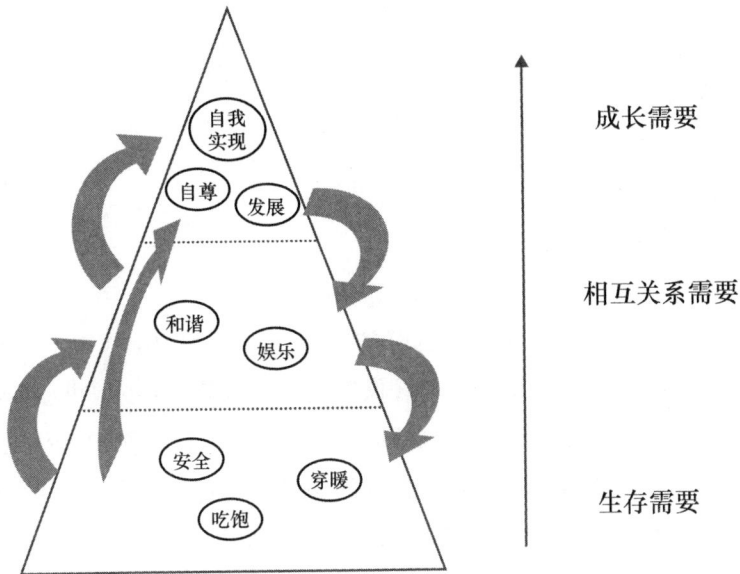

图 7-5　ERG 需要理论

E：生存需要，即提供一个基本的物质生活条件。

R：相互关系需要，是指人们对于保持人际关系的需求。这种需要的满足是在与其他需要相互作用促进中达成的。

G：成长需要，即个人自我发展和自我完善的需求，这种需求通过创造性地发展个人的潜能和才能，并在完成具有挑战性的工作时得到满足。

成就需要理论是由著名社会心理学家戴维·麦克利兰（D. C. McClelland）提出的。他从 20 世纪 50 年代开始对人的需要和动机进行研究，提出了著名的"三种需要"理论。

成就需要理论主要包含以下三种需要理论。

成就需要：追求卓越，渴望实现目标。

权力需要:塑造和控制他人的行为,追求影响力的欲望。

归属需要:追求有意和亲密的人际关系,使别人喜欢和接触的欲望。

(2)马斯洛需求层次理论、ERG 需要理论、成就需要理论的异同

ERG 需要理论和成就需要理论都是以马斯洛需求层次理论为基础。在了解马斯洛需求层次理论、ERG 需要理论、成就需要理论的概念后,我们需要了解一下它们之间的联系和差异,见表7-10。

表 7-10　马斯洛需求层次理论、ERG 需要理论、成就需要理论对比表

马斯洛需要层次理论	ERG 需要理论	成就需要理论
生理需求	生存需要	
安全需求		
社交需求	相关关系需要	归属需要
尊重需求	成长需要	权力需要
自我实现需求		成就需要

ERG 理论与马斯洛需求层次理论存在三个不同点。

第一,ERG 理论表明:人在同一时间可能有不止一种需要起作用。如果较高层次需要的满足受到阻碍的话,那么人们对较低层次需要的渴望会变得更加强烈。

第二,马斯洛的需要层次是一种刚性的阶梯式上升结构,即认为较低层次的需要必须在较高层次的需要满足之前得到充分的满足,二者具有不可逆性。相反的是,ERG 理论并不认为各类需要层次是刚性结构。例如,即使员工的生存和相互关系需要尚未得到完全满足,他仍然可以作为成长发展的需要,而且这三种需要可以同时起作用。

第三,马斯洛需求层次理论是带有普遍意义的一般规律,而 ERG 理论则偏重于带有特殊性质的个人差异,表明 ERG 理论对不同需要之间联系的限制较少。

成就需要理论与马斯洛需求层次理论同样存在三个不同点。

第一,需求种类不同,从表 7-10 可以看出。

第二,先天需要的不同。马斯洛认为人有很多需求是与生俱来的,但是麦克利兰则认为人的许多需求都不是先天的,而是通过后天培养的。

第三,考虑需求的出发点不同。马斯洛由个人角度出发,强调需求的层次性,而麦克利兰由群体出发,强调需要的并列性。所以,马斯洛侧重于心理学,而麦克利兰侧重于管理学。

通过以上对比可以看出,虽然马斯洛需求层次理论、ERG 理论和成就需要理论都

是关于探索人类需求的激励理论,但是本质上还是存在一定的差别。不过这三者对员工都具有一定的激励作用,具体要选择哪种措施激励员工,需要管理者对照以上三个理论的特点及激励需求来确定。

工具二:双因素理论

双因素理论是著名心理学家弗雷德里克·赫茨伯格(Frederick Herzberg)于 1959 年提出的,也称"激励—保健理论"。在该理论中,赫茨伯格将企业有关因素分为两种:激励因素和保健因素,如图 7-6 所示,赫茨伯格认为这两种因素是影响员工绩效的关键因素。

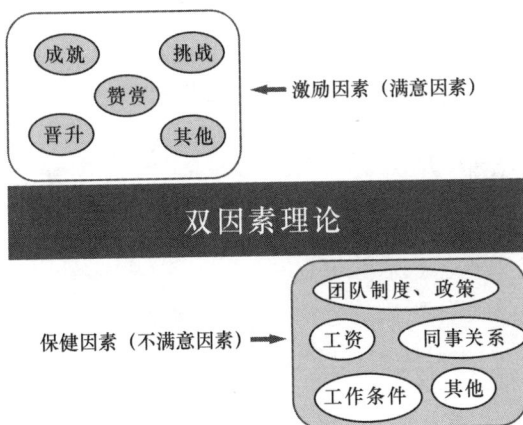

图 7-6 双因素理论

激励因素是指可以使人得到满足和激励的因素,即满意因素。激励因素是与工作本身或工作内容相关的,包括成就、赞赏、工作本身的意义和挑战、晋升、发展等。如果这些因素可以得到满足,那么就可以对员工产生很大的激励作用。保健因素是指容易产生意见和消极行为的因素,即不满意因素。保健因素的内容包括团队的制度、政策、监督、工资、同事关系、工作条件等。这些因素都是工资之外的因素。如果这些因素得到满足,能有效消除员工的不满情绪,维持原有的工作效率。但是并不能激励员工积极、主动地投入到工作中。

通过两个因素的概念可以看出,赫茨伯格双因素理论的核心是:只有激励因素才能够给人们带来满意感,而保健因素只能消除人们的不满,但不会带来满意感。这么看来如何认定与分析激励因素和保健因素并采取对应的激励措施,才是使用双因素理论的关键,也是团队管理者在采取该激励措施时需要关注的问题。

工具三：公平理论

公平理论又称"社会比较理论"，是由著名行为学家约翰·斯塔西·亚当斯（John Stacey Adams）提出的。该理论侧重于研究工资报酬分配的合理性、公平性及其对员工生产积极性的影响。该理论指出：人的工作积极性不仅与个人实际报酬多少有关，而且与人们对报酬分配是否感到公平更为密切。人们总会自觉或不自觉地将自己付出的劳动代价及其所得到的报酬与他人进行比较，并对公平与否做出判断。公平感将直接影响到员工的工作动机和行为。公平理论研究的主要内容是职工报酬分配的合理性、公平性及其产生的影响。

公平理论中有公平关系公式。其中横向比较的公式如下所示，只有当公式相等时，他们才会认为公平。

$$Op/Ip = Oa/Ia$$

其中：

Op——自己对所获报酬的感觉。

Oa——自己对他人所获报酬的感觉。

Ip——自己对个人所作投入的感觉。

Ia——自己对他人所作投入的感觉。

当上式为不等式时，也可能出现以下两种情况。

第一，$Op/Ip < Oa/Ia$。

在这种情况下，a 员工可能会要求管理者为他加薪，或者会减小自己今后的努力程度，以便使等式左边增大，等式两边趋于相等；当然 a 员工也可能要求管理者减少 b 员工的收入或者让其增大今后的努力程度以使等式右边减小。当然除此之外，他还可能会寻找他人作为比较对象，以便达到心理平衡。

第二，$Op/Ip > Oa/Ia$。

在这种情况下，a 员工可能会要求减少自己的工资或开始多做一些工作。但是长此以往，他们慢慢认为自己理应获得这份报酬。于是，工作效率又会回到之前的水平。

除了横向比较外，员工也会进行纵向比较。纵向比较的公式如下所示，只有当公式相等时，他们才会认为公平。

$$Op/Ip = OH/IH$$

其中：

Op——对自己报酬的感觉。

Ip——对自己投入的感觉。

OH——对自己过去报酬的感觉。

IH——对自己过去投入的感觉。

当上式为不等式时，也可能出现以下两种情况：

第一，Op/Ip < OH/IH。

当出现这种情况时，员工也会有不公平的感觉，这可能会导致员工的工作积极性下降。

第二，Op/Ip > OH/IH。

当出现这种情况时，员工不会因此产生不公平的感觉，但是也不会认为自己多拿了报酬从而主动多做些工作。

调查和试验的结果表明，不公平感的产生绝大多数是由于经过比较后，认为自己报酬过低而产生的。但在少数情况下，也会由于经过比较后认为自己的报酬过高而产生。具体来说，不公平感的产生主要与以下几个因素相关：

第一，与个人的主观判断有关。

第二，与个人所持的公平标准有关。

第三，与绩效的评定有关。

第四，与评定人有关。

但是无论是哪种原因，管理者都应该找到问题所在并采取一定的措施解决不公平的问题。公平理论为团队管理者提供了一种分析处理问题的方法，只有公平问题解决了，才能做好员工关系管理。因此，公平理论对于团队管理者有较大的启示意义。

工具四："5W"职业生涯规划法

职业生涯规划是指员工个人与团队相结合，在对员工个人职业生涯的主客观条件进行测定、分析后，再根据员工的职业倾向确定其最佳的职业奋斗目标，并为实现这一目标做出行之有效的安排。在帮助员工制定职业生涯规划的时候，可以采取"5W"的方法。

Who（我是谁）：引导员工进行深刻反思，让员工对自己有一个较为清醒的认识，并且要将自己的优点和缺点一一列出来。

What（我想干什么）：这个问题是为了让员工对自己的职业生涯有一个明确的方向。不同阶段以及不同能力和需求的员工对职业生涯的规划是不同的，因此管理者需要引导员工认真思考并回答此问题，最终锁定自己的职业方向。

What（我能干什么）：这个问题是为了让员工对自己的能力和潜力进行总结。一个好的职业生涯规划在于员工清楚地知道自己能干什么，而且他的职业生涯的空间也取决于此。管理者可以引导员工从对事物的兴趣、做事的能力、应变能力、判断力等几个方面回答该问题。

What（环境支持或允许我干什么）：环境支持或允许我干什么是指团队能够提供哪些资源，或者说有什么样的空间让员工做自己想做的事，例如经济发展、团队制度、职业空间、同事关系等。

What（我的终极职业目标是什么）：在明确了前面四个问题后，员工可以从前面的答案中分析、总结出自己的终极职业目标，这时候员工个人的职业生涯规划就制定出来了。

但是以上是员工层面需要做的，管理者层面还需要帮助员工设定目标，并为员工建立职业发展通道。如设置团队晋升通道，让员工的职业生涯规划可以落到实处，起到激励员工的作用。

工具五：员工满意度调查

这里的满意度调查是指对员工的满意度进行调查，是一种科学的人力资源管理工具。它通过问卷调查等形式，收集员工对团队各个方面满意度的信息，然后通过后续专业、科学的数据统计和分析，真实地反映团队经营管理现状，为团队决策提供客观的参考依据。

员工满意度调查的内容一般包括以下几个方面：

①薪酬：薪酬是决定员工满意程度的重要因素，它不仅能满足员工生活和工作的基本需求，而且还是团队对员工所做贡献的回报。

②工作内容：工作内容对员工满意度中也起着很重要的作用。其中对员工满意度影响较大的方面是工作内容的多样化和职业培训。

③晋升：工作中是否有晋升机会也会影响员工对团队的满意度，因为晋升跟工作内容、薪酬、权力等挂钩。

④管理：一方面可以考察团队管理是否做到了以员工为中心，管理者与团队成员关系是否和谐；另一方面可以考察团队的管理机制，了解员工参与和影响决策的程度如何。

⑤工作环境：例如，办公室温度、通风、噪音等，这些也会一定程度上影响员工的满意度。

除了以上几个方面的内容，管理者也可以根据团队的实际情况及自己想考察的内容，增加更多的调查内容。

总的来说，员工满意度调查有助于培养员工对团队的认同感、归属感，可以不断增强团队的向心力和凝聚力。作为团队管理者，可以根据团队实际情况制定一份员工满意度调查表,了解影响员工满意度的因素,并采取相应的措施提高员工的满意度。

工具六:团队 EAP

EAP(Employee Assistance Program),直译为员工帮助计划,又称为员工心理援助项目、全员心理管理技术。它是由团队为员工设置的一套系统的、长期的福利与支持项目。团队 EAP 一般是指,通过专业人员对团队的诊断、建议和对员工及其直系亲属提供专业指导、培训和咨询,旨在帮助员工及其家庭成员解决各类心理和行为问题,提高员工的工作绩效。

团队 EAP 的内容主要包括以下几个方面,如图7-7所示。

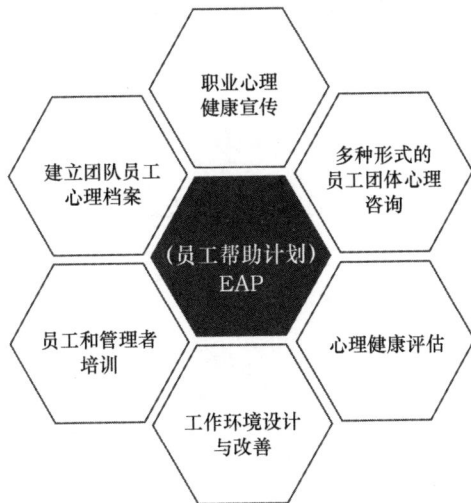

图 7-7 团队 EAP(员工帮助计划)

①职业心理健康宣传。利用海报、健康知识讲座等多种形式,引导员工重视心理健康,并鼓励他们在遇到心理困扰问题时及时寻求帮助。

②多种形式的员工团体心理咨询。对于那些饱受心理问题困扰的员工,要及时提供咨询热线、网上咨询、团体辅导、面询等服务,帮助员工解脱心理问题的困扰。

③心理健康评估。由专业人员采用专业的心理健康评估方法,对员工心理生活质量现状进行评价,并提出建设性意见。。

④工作环境设计与改善。一方面,改善工作的"硬环境",如办公桌椅的舒适度、光线等;另一方面,通过团队结构变单、团队建设、员工培训等手段,改善工作的"软环境"。

⑤员工和管理者培训。通过压力管理、挫折应对、保持积极情绪等一系列培训,

帮助员工掌握提高心理素质的基本方法,增强对心理问题的抵抗力。此外,管理者也应当掌握员工心理管理的基础知识,能在员工出现心理问题时,尽快找到原因和解决方法。

⑥建立团队员工心理档案。针对团队的现状,为每一位员工建立心理档案。这有利于团队管理者更深入地了解员工的心理问题,从而更好地指导今后的团队建设工作。

心理学上有一个著名的理论叫"冰山理论",该理论是一个隐喻,是指一个人的"自我"就像一座冰山一样,我们所见的只是表面很小的一部分——行为,而更大一部分的内在世界却藏在更深层次。作为团队管理者,要想打造一支高绩效团队,就不能只看到冰山的表层,而是要看到藏在冰山下面的内在世界。因此掌握以上几个工具,可以帮助团队管理者提升管理的水平和艺术,最终带领团队实现高绩效。

第八章　团队发展：注入持久的团队生命力

团队的持续发展源于持久的团队生命力。团队管理者要想持续实现高业绩目标，就应当源源不断地为团队注入生命力。

1. 定期进行团队有效性评估

团队有效性建设涉及管理的各个环节、各个层级、各个流程，是团队建设的一项系统性工程。一般来说，确保团队有效性是打好根基、稳健前行、创造佳绩的前提。

管理者可以采用团队有效性评估表对团队状况进行分析评估。例如，某团队的团队有效性评估表见表 8-1。

表 8-1　某团队有效性评估表

姓名：		所属团队：		
注：本评估表的目的是帮助团队确定提高工作有效性的最佳方案，从而更好地提升团队的工作效率 评分大致分为以下三个步骤 第一，根据下面的评分标准，在适当的栏里填上最能代表你个人对团队的评估分数，并最终计算平均分数 第二，与团队其他成员进行讨论，互相校对评分，确保分数无误，同时准备好评分依据 第三，解释你的结果并完成行动计划				
评估细则			得分	平均分
团队方向				
1. 团队的发展方向（任务、目标）明确，能够上下达成共识				
2. 团队的目标符合 SMART 原则				
3. 团队成员可以通过协作完成工作任务				
4. 团队了解市场发展趋势，如经济形势、市场机会等，以及懂得如何做				
管理者				
5. 会为员工提供资源和支持，并会努力协调团队的工作，达到团队和个人的绩效目标				
6. 与团队成员一起解决问题，并且会支持团队做出的决策				
7. 能够为团队成员排除困难，使团队每位成员的潜能都得到发挥				

续表

评估细则	得分	平均分
8. 关心并信任员工		
9. 根据员工的能力授予员工一定的权力		
员工个人		
10. 团队成员清楚地知道什么事情应当自己独立完成,并懂得什么时候应当配合团队其他成员,通过协作完成工作任务		
11. 团队每位成员都明确自己的岗位职责,并能承担工作责任		
12. 团队成员清楚各自的优势,并且会按照优势分配工作,做到各尽所能		
13. 团队成员具备行使岗位职责所必需的技巧,如人际技巧		
团队系统/结构/资源		
14. 制定详细的工作计划,并定期举行有效的团队会议		
15. 团队有效地管理影响其成功的各种内外部事物		
16. 团队不断地改进、完善和实施更加高效的工作方法和流程		
17. 团队在解决问题、决策和安排工作任务时,有明确的制度和流程		
18. 团队具备工作所需要的足够资源(如人力、财力、工具、时间等)		
19. 当有新成员加入时,团队其他成员会热烈欢迎,新成员也能很快融入团队		
团队沟通		
20. 团队每位成员都认为,自己的意见和想法在决策过程中得到了公正的对待和重视		
21. 团队成员之间会通过有效的沟通,建设性地解决工作中的冲突		
22. 团队成员之间的沟通是公开且诚实的		
23. 团队有明确和完善的交流、分享、反馈体系		
团队关系		
24. 团队成员之间会相互尊重彼此的差异		
25. 团队成员之间会无条件地信任彼此		
26. 团队成员之间会互相鼓励和支持		
27. 团队成员的所有行为都遵循团队的制度和规范		
28. 团队会为员工个人和团队取得的成就庆祝		
29. 新老成员关系融洽		
30. 团队成员对其失败或问题担责,不会指责其他成员		
评分标准		

10 分

- 充分发挥作用,得到实施
- 有出色且持久的近期和远期效果
- 超标准完成团队各方面的要求

8分
- 感觉满意且能有效地实施
- 有完善且持久的系统
- 尚未达到完全理想的效果

6分
- 得以实施但是不够完整
- 有明确的负责人
- 有很高的业绩但是不持久
- 尚未建立将绩效结果与行动计划相联系的绩效管理体系

4分
- 绩效结果不满意,需要很大改进
- 有绩效管理系统但是没有得到广泛共鸣,也没有相关的负责人
- 员工完成任务只是在执行管理者的命令

2分
- 做了一些努力,但是并未取得成效
- 效果仍然不明显
- 放弃了一些不容易完成的事情

0分
- 什么事情都没有做

总分:
平均分:
结果解释:

说明
2～4分:团队只是个体的集合
6分:团队雏形
8分:普通团队
10分:高绩效团队

管理者要注意,团队有效性评估这项工作需要定期进行。唯有如此,才能持续为团队注入生命力,促进团队发展。

一般来说可以在以下几个时期进行评估:

一是在完成一个项目,对项目进行复盘的时候。

二是月末会议或者季度、年度总结会议。

三是在一个绩效考核结果公布后。

诚然,具体在什么样的时间段进行评估,也需要根据团队的具体情况而定。

总的来说,团队有效性涉及内容包括团队绩效目标、团队管理制度、领导力、员工满意度和团队关系等。因此,管理者在制定团队有效性评估表的时候可以根据团队的实际情况设置评估内容、评分标准,以更加准确地评估团队的有效性,找到能够提

升团队绩效,促进团队发展的最佳方案。

> **Tips**
>
> 高绩效团队不是一蹴而就的,而是不断评估、持续改进而来的。

2. 找到问题点

进行团队有效性评估的最终目的是提升团队绩效,寻找到促进团队发展的最佳方案。在这一过程中,管理者也能找到影响团队高效运转的症结和因素。如果这些因素尚不能解决的话,很容易"吞噬"团队的生命力,影响团队的发展。

管理者可以从以下两个方向着手,找到相关问题点。

(1)通过团队有效性评估表找到问题点

团队有效性评估表按照团队总分的平均分将团队分为四个层次,见表8-2。

表8-2　团队的四个层次

层　次	得　分	团队性质
第一个层次	0~4分	个体集合
第二个层次	6分	团队雏形
第三个层次	8分	普通团队
第四个层次	10分	高绩效团队

无论团队有效性评估得分高低或者是团队处于哪一个层次,管理者最后都应当对照团队有效性评估表的评估细则、得分及平均分,精准锁定问题点并拿出解决方案。

例如,团队关系评估细则中有一条:团队成员对其失败或问题担责,不会指责其他成员。大多数员工对这条细则的打分是2分,甚至有人给出0分。这说明团队成员的责任意识淡薄,喜欢互相推诿。

再例如,评估细则中还有一条:管理者要根据员工的能力授予员工一定的权力。大多数员工给出的评分是0分,只有个别几个人给出了2分。这说明管理者可能存在独揽大权的情况,进而会影响员工发挥自身的潜能。

通过团队有效性评估可以帮助管理者锁定各个方面的问题,并且团队有效性评估表的内容越细致,与团队绩效的相关性越大,找出的问题点越精准。

(2)通过与员工沟通找到问题点

虽然团队有效性评估表有明确的评估细则、评分标准及详细的说明,但是我们无法避免一些员工因为对这些内容的认识不够深刻，而影响得分的有效性。因此，为确保能够更全面、深入地找到影响团队发展的问题点，管理者还应当跟员工展开深入沟通。

虽然我们无法确保团队有效性评估分数的有效性，但是大部分内容应该是员工认真思考并填写的，能够代表员工的所思所想和基本看法。为此，管理者还应结合团队有效性评估与员工进行沟通。在这个过程中，管理者要注意以下几点：

第一，切忌对照评分表的细则——与员工核对问题，这样容易增加员工的压力，影响沟通效果。

第二，让员工表达自己认为比较严重的 2~3 个问题。也许员工在填写表格的时候对大部分内容给出的分数都低，但这不等同于团队存在很大的问题。现实中，由于每个人看问题的方式不同，存在差异也在所难免。因此，管理者不必让员工表述太多的问题，只需要选几个自己非常在意且对团队发展影响很大的两三个问题即可。

例如，员工最在意的问题可能是，在寻求团队其他成员帮助时，有没有人真心实意帮助他。

第三，收集团队所有成员反映的问题并总结。在与员工进行沟通后，管理者可以收集到团队所有成员提出的问题。然后还要对这些问题进行分类、总结。

例如，员工之间不信任彼此，属于团队关系问题。领导没有及时给予帮助属于管理者层面的问题。清楚地分类和总结问题，有利于管理者更精准地找到影响团队发展的问题。

尤为重要的是，在对团队有效性进行评估后，管理者不要急于寻求促进团队发展的最佳方案，而是应当先找到影响团队发展的问题点。

> **Tips**
>
> 解决问题的前提是找到问题，并有针对性地找准问题点。

3. 分析问题发生的原因

找到问题点有利于更高效地解决问题。但是如果找到问题点而没有及时解决，那么就等于为团队制造了一个新的问题，更谈不上提升团队绩效。

那么，管理者如何分析问题发生的可能原因呢？建议采取以下三种方法进行分析。

（1）因果图法

因果图法即因果分析图，也称为"特性要因图""鱼骨图"。主要是通过带箭头的线清晰地将客观问题与可能原因之间关系展现出来的图形，进而进行客观理性分析的一种实用工具，如图 8-1 所示。

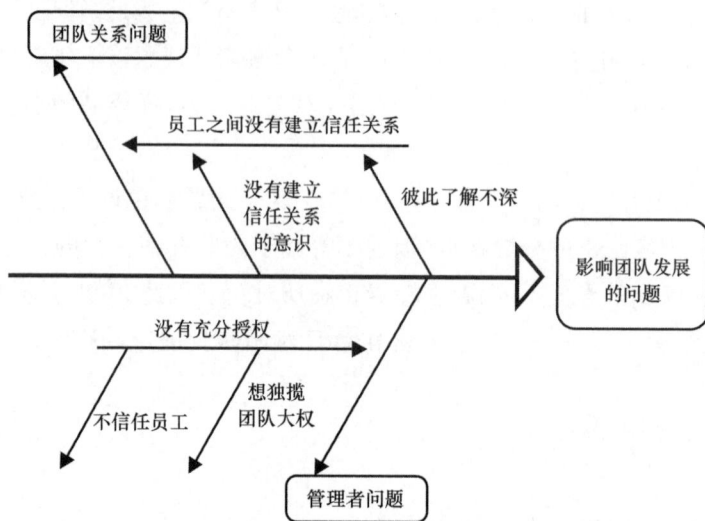

图 8-1　因果图法

图 8-1 是以团队关系存在的问题和管理者的相关问题为例展开分析。中间的水平大箭头右侧的方框表示要查找的最终问题，上下两排的小方块表示存在的问题，其他长短不一的箭头分别表示不同层次的原因。如此从小到大，便可以逐步地帮助管理者分析问题和症结所在。

（2）假设经验分析法

假设经验分析法是一种逻辑推理，是使用数据来分析问题发生的可能原因。

假设分析法分为三步。

第一，提出假设，根据找到的问题提出假设。

第二，收集证据，收集证据来证明自己的假设。

第三，得出结论：结论不是主观臆想出来的，是通过收集证据证明得出的结论。

下面我们以"客户投诉"问题为例，采用假设经验分析法分析问题发生的可能原因。

管理者可以从员工、产品和客户三个角度提出假设，如图 8-2 所示。

假设一：员工个人问题。

假设二：产品问题。

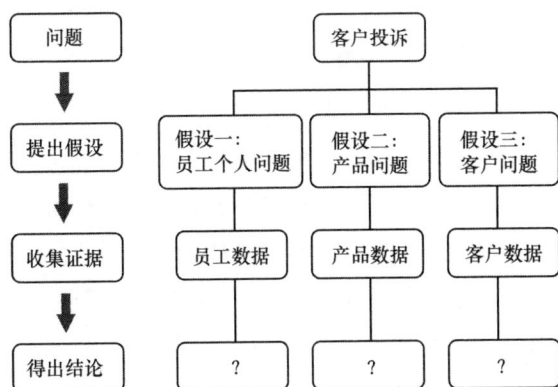

图 8-2　假设经验分析法的三个步骤

假设三:客户问题。

假设员工个人存在问题,管理者可以从员工的知识、技能、人际交往能力等方面,分析问题发生的可能原因。

假设产品存在问题,管理者可以研究当前时间段销售的产品是否符合消费者的需求,或是产品是否存在质量问题。

假设客户存在问题,管理者可以分析是否是服务态度、服务流程等方面的原因。

在提出这些假设后,管理者需要收集与这些问题相关的证据并得出结论。

假设一:员工问题。

证据:找员工了解情况获知,员工服务前做了充分的准备,客户对他大加赞赏。

结论:员工个人不存在问题。

假设二:产品问题。

证据:据产品部门提供的数据反映,有一批次品流向市场。

结论:产品质量可能存在问题。

假设三:客户问题。

证据:客户资料显示该客户是 VIP 客户,且消费信誉良好,无其他投诉记录。

结论:客户不存在问题。

那么最终的结论是产品存在问题,而且通过证据可以分析出产品存在问题的原因是有一批次品流向市场。因此,通过假设经验分析法可以探查到问题发生的可能原因。

(3)"为什么"提问法

如果管理者认为以上两种方式比较复杂,那么也可以采用较简单的"为什么"提问法分析问题发生的可能原因,即围绕一个问题不断地提问为什么会如此。

例如,员工工作方向不明确。管理者可以就此提问:

为什么员工不能明确工作方向?因为员工不清楚岗位职责。

为什么员工不清楚岗位职责?因为团队没有制定明确的岗位责任书。

不断地提问"为什么",其实就是通过刨根问底的形式找到问题发生的可能原因。

分析问题发生的原因就是不断探究问题本质的过程,以上三种方法可以帮助管理者深入地探询问题产生的根源。当然,管理者也可以在管理工作积极摸索,以寻找更高效的分析问题、处理问题的方法。

> ⓘ **Tips**
>
> 为什么会出现这样的问题?只有分析透问题的本质原因,才能更加高效、彻底地解决问题。

4. 制定干预提升计划

干预提升计划是为了解决影响团队发展的问题而有意识采取的行为,包括为解决团队绩效问题所采取的各种措施。在这一过程中,通过分析问题发生的原因,管理者要立即制定干预提升计划,使得问题快速、高效得以解决,确保团队成员可以在接下来的工作中创造高绩效。

制定干预提升计划应当遵循以下两个步骤。

(1)第一步:确定问题的类型

解决不同的问题需要的是不同的干预提升计划。只有"对症下药",才能更加高效地解决问题。因此,在制定干预提升计划之前,管理者应当明确所需要解决问题的类型,然后进一步采取相应的干预提升措施。

在本章的第二节中我们提到,管理者要收集团队所有成员反映的问题,并对这些问题进行分类、总结。在确定问题类型的这一环节,管理者可按照之前的分类迅速锁定问题的类型。一般来说,问题类型包括团队方向、管理者、员工个人、团队关系等几种。

例如,团队的绩效目标不明确属于团队方向方面的问题。

管理者不信任员工属于管理者方面的问题。

员工不能承担工作责任属于员工个人方面的问题。

团队成员之间沟通较少属于团队关系方面的问题。

当然，管理者也可能在跟员工沟通的过程中发现新的问题类型。对此，要在综合分析的基础上，把新的问题加入之前的问题清单中。

精准地锁定问题的类型有利于管理者针对性地找出高效解决问题的办法。因此在这个环节，管理者要认真、仔细核对并确认问题的类型，即便多花一点时间和精力也值得。

（2）第二步：选择针对性的干预提升措施

在确定了问题的类型后，下一步就是根据问题的类型选择针对性的干预提升措施。

一般来说，干预提升措施主要有以下几种：

第一，奖惩。奖惩是一种力度比较大的干预提升措施。管理者可以通过奖励激发团队提升绩效的主动性，通过惩罚减少并阻止影响团队绩效的不良行为。但是，奖惩一定要适度，否则只会造成更多的不良行为。一般来说，奖惩措施主要针对员工个人，但是管理者也可以为自己的不当行为进行自我惩罚，为团队成员树立一个好榜样。

第二，指导。指导是有效且比较基础的一种干预提升措施，即管理者指导员工改进存在的问题。这种干预提升措施主要针对员工个人。

第三，培训。培训也是比较基础的干预提升措施，能够针对性地帮助团队解决问题。培训措施一般来说比较适用于解决团队成员存在的共性问题。

第四，调整、优化运营策略。运营策略包括团队制度、规范、管理系统等多方面。很多时候，团队存在问题可能不是单方面的问题，而是团队制度、管理系统等方面的综合作用。基于此，调整、优化运营策略也是进行干预提升的有效措施。但这种措施一般用来处理团队方向、团队系统、资源等方面的问题。

第五，反馈。管理者要为团队成员提供及时的反馈辅导。在制定干预提升计划的时候，管理者也可以运用反馈辅导这一管理技能，帮助团队正视和解决问题，进而改进绩效。

以上几种是比较常见且效果较好的干预提升措施，能够针对性地帮助团队解决问题。当然，除此之外还有一些干预提升措施，如业务规划、改进绩效标准、调整工作进度、举办团队活动等。这就要求管理者要始终保持钻研和探索的积极性，确保团队发展和管理的最优化配置。

在制定出初步的干预提升计划后，管理者还应当了解员工对初步计划的想法和建议。管理者可以为此召开一个会议，在会议上公布制定的初步计划，然后鼓励员工发表想法和建议。如果员工的想法和建议有效且可操作，那么管理者可以进一步改进、优化计划,确保计划的顺利、有效执行。

计划的方向越明确,越有利于团队快速、高效来解决问题,获得更好的发展。

-ᗰᗰ Tips

任何事情要想落实都需要制定计划,解决团队发展中存在的问题也是如此,需要制定干预计划。

5. 执行计划活动

确定了最终的干预提升计划,下一步便是启动行动执行计划。具体来说,在执行计划的过程中要做好以下几项工作:

(1)提供干预提升计划所需要的资源

"工欲善其事,必先利其器。"管理者要想将干预提升计划落入实地,就必须要为团队成员提供相关的资源支持。

例如,当员工个人存在的问题是不清楚自己的岗位职责,也不清楚什么时间应配合团队成员做啥样的事情。那么,管理者需要及时提供一份明确的岗位责任书、团队各个成员的岗位及相关信息手册。

通常来说,管理者应当为团队和员工提供的资源主要包括时间、资金、培训机会、硬件设备等。具体如何配置资源需要根据提升计划来确定,同时要确保可以及时提供支持,为员工营造一个执行计划的良好环境。

(2)鼓励大家行动起来

在寻找影响团队发展的问题点时我们了解到,问题点涉及团队成员、管理者、团队制度、系统等多个方面。也就是说,不仅员工要行动起来解决存在的问题,管理者也应当行动起来帮助团队解决问题。而且管理者应当第一个采取行动,为团队成员树立一个好的榜样。

在鼓励团队成员行动的时候,管理者可以采用"向员工表达清晰正向期望"的方式,激励并鼓励员工行动起来。

例如,"我相信我们团队的能力,我们一定可以快速、高效地执行计划。"

(3)监督、跟踪计划

为了确保计划真正地落入实地,管理者需要对计划的执行过程进行全程的跟踪和监督。

首先,自我监督。管理者应正视自身存在的问题,进而不断改进问题,带领团队提升绩效。

其次，监督并跟踪员工执行计划的过程。管理者与团队成员共同讨论制定了最终干预提升的计划之后，还需要不断跟进计划的落实。为此，在监督、跟踪员工执行计划的过程中，管理者要与员工进行持续、有效的沟通。一方面随着内外部环境的变化需要及时调整或改变计划，使之更具可行性；另一方面团队成员在执行计划的过程中可能会遇到各种各样的问题导致计划无法执行，管理者要及时介入，为员工提供相应的资源和帮助。

监督、跟踪员工执行计划的目的是及时调整和推进落实，而不是时时刻刻监视员工的工作，否则会适得其反。

（4）激励员工达成计划

干预提升计划从本质上来讲，就是促进一些符合期望的行为发生或增加发生的频率，或者是减少或消除不期望出现的行为。对此，管理者可以运用正强化的方法激励员工达成计划。

所谓正强化就是奖励那些符合团队发展的行为，使这些行为得到进一步加强，从而有利于团队绩效目标的实现和团队更好发展。

例如，当团队某个成员提前完成工作计划，那么管理者就可以予以口头或物质上的奖励。

这种奖励一方面可以让被奖励的员工保持符合期望的行为，另一方面还可以激励团队其他成员更加积极、高效地执行计划，进而确保干预提升计划顺利达成。

当然，也可以采取一些适当的处罚措施，让团队成员能够认识到执行计划的重要性。

例如，未按时执行计划的员工需打扫办公室。

激励员工主要以奖励为主，惩罚为辅。否则，很容易给员工造成压力，导致计划无法顺利、高效地执行。

制定的计划如果不能得以有效地实施，那么会导致前面的努力前功尽弃。因此，为了确保达到最终的提升团队绩效、促进团队发展的目的，管理者应当全程严格把关，紧盯其中的关键环节。

💡 **Tips**

鼓励大家行动起来，让计划落实，最终达到解决问题、促进团队发展的目的。

6. 复盘总结

复盘最早是一个围棋术语，也称"复局"。是指对局完毕后，复演该盘棋的记录，以检查对局中招法的优劣与得失关键。后来,一些管理者将这种方法应用到团队管理中,且取得了不错的成效。在团队管理中,复盘是指在某项工作结束后,对已经完成的项目进行回顾,对经验和教训进行总结,进而改进问题,提升工作效率,找到促进团队发展的最佳方案。

具体来说,进行复盘总结对促进团队发展有以下几方面作用:

第一,洞悉影响团队绩效及阻碍团队发展的本质问题。

第二,避免犯同样的错误。通过复盘总结,管理者可以明确知道哪些地方做得不好,是由于客观原因还是主观原因导致,进而可以避免犯同样的错误。

第三,将过去的经验转化为能力。

第四,调整、优化团队的工作流程,让工作变得更加简单,促进员工更加高效地完成任务。

第五,有利于帮助团队始终朝着正确的方向前进。

作为团队管理者,要想改进绩效、促进团队发展,就必须掌握复盘总结的技巧。

通常来说,有效的复盘总结应当遵循四个步骤,如图8-3所示。

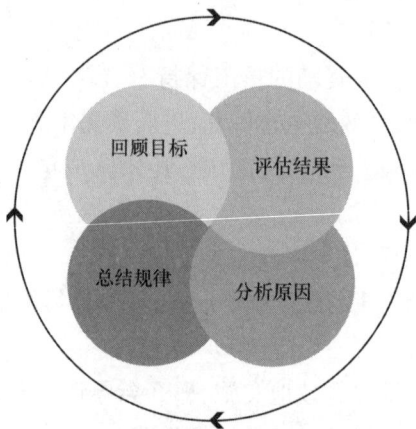

图8-3 复盘总结的四个步骤

(1)回顾目标

回顾目标是复盘总结的关键,因为目标就是团队复盘总结的方向。只有方向明确后,管理者和成员才知道要讨论什么、要复盘总结什么、要如何评判等。

回顾目标的时候有一个比较简单、有效的技巧可以加以利用,就是将目标清晰、明确地展示出来,例如用大写的粗体字展示在PPT首页并投影到大屏幕上,或者写在白板上,置于团队所有成员可见之处。这样做可以有效防止参与复盘的员工或者管理者偏离复盘方向。

在此环节中,管理者要将这个目标清晰地传递和展示给团队成员,并重点强调大家要围绕此目标进行复盘总结。

(2)评估结果

目标是期望达成的东西,结果是实际做到的结果。评估结果就是将目标与结果进行对比,找到实际结果和期望目标之间的差距。

将实际结果与期望目标对比可能会出现以下五种情况。

第一,实际结果与期望目标一致,意味着完成情况达到了预期目标。

第二,实际结果超越期望目标,意味着完成情况比期望的目标还好。

第三,实际结果不如期望目标,意味着完成情况比期望的目标要差。

第四,实际结果中如果出现了期望目标中没有的项目,可能是团队成员在完成工作任务的过程中新添加进来的。

第五,期望目标中有的项目,但是结果中却没有该项目的完成情况。则属于消失的项目。

通过将实际结果与期望目标进行比较,管理者可以发现团队存在的差距。但是我们的目的不是为了发现差距,而是为了找准问题。所以,管理者在这一环节要重点关注的不是差距有多大,而是在哪些地方出现了偏差。为此管理者需要提问自己"为什么会存在这样的差距""究竟是哪个环节出现了纰漏"。

这里要提醒管理者注意的时候,在评估结果的时候也应当像"回顾目标"一样展现出来,让团队成员更直观地看到实际结果与期望目标之间存在的差距,见表8-3。

表8-3　实际结果与期望目标对比表

类　　别	期望目标	实际结果
新增		
消失		
结果 = 目标		
结果 > 目标		
结果 < 目标		

例如,管理者想要改善团队关系。通过一些有效措施后,团队成员关系更和谐,懂得积极、主动协作,使得当月团队绩效翻倍。那么实际结果与期望目的的对比见表8-4。

表 8-4　实际结果与期望目标对比表

类　　别	期望目标	实际结果
新增		
消失		
结果＝目标		
结果＞目标	团队关系和谐	绩效翻倍
结果＜目标		

这样的对比表看起来一目了然,更利于管理者和团队成员发现问题。

(3)分析原因

分析原因是指对团队过去的工作情况进行反思和分析,找出问题产生的原因。

在本章的第三节"分析问题发生的原因"中我们提供了三个分析问题发生的原因的工具:一是因果图法,二是假设经验分析法,三是"为什么"提问法。同样的道理,在复盘总结工作的分析环节,管理者也可以采用这三种方法进行分析和研判。

(4)总结规律

总结规律是复盘总结中最为重要的内容。也可以说,上面的三个步骤都是在为总结规律服务。总结规律是指形成一个在今后工作中可以遵循的规律。在这个环节,管理者需要引导团队成员回答以下两个问题。

第一,从复盘总结过程中得到的最终结论是什么?

例如,和谐的团队关系是提升团队绩效的有效措施。

第二,在今后的实践中应如何运用?

要尽量安排一些需要团队协作完成的工作任务,提升团队协作力。

在总结规律时,管理者要注意的是,得出的结论和规律一定要争取团队上下的一致认可。否则便无法在今后工作中得到运用,更表明此次复盘是在做无用功。

此外,在总结规律的基础上,管理者还应根据结论、规律制定新的改进方案,并且确定下一轮的团队有效性评估的日期。

☼ Tips

高绩效团队运转的一般规律,是通过复盘总结得出来的。

7. 工具:团队发展阶段模型、GRPI 模型、SCQA 分析法

工具一:团队发展阶段模型

团队发展阶段模型是由美国著名心理学家布鲁斯·塔克曼(Bruce Tuckman)提

出的,该模型是组织行为学的一种。重点是研究在组织中以及组织与环境相互作用中,人们从事工作的心理活动和行为反应规律性的科学。

布鲁斯·塔克曼的团队发展阶段模型可以用来辨识团队构建与发展中的关键因素,并对团队的历史发展给以解释。

布鲁斯·塔克曼的团队发展阶段模型将团队的发展分为五个阶段,如图 8-4 所示。

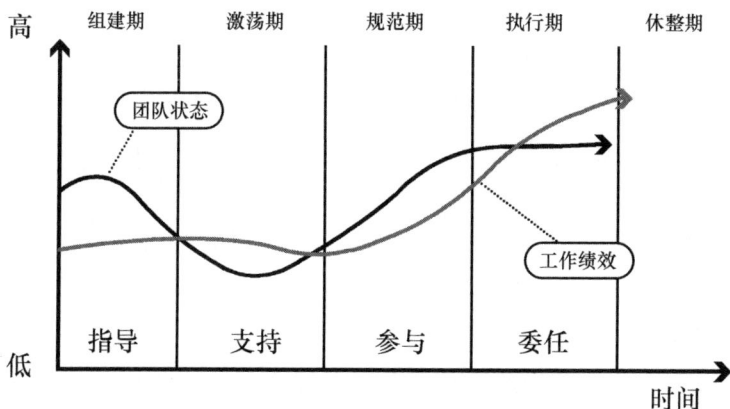

图 8-4　布鲁斯·塔克曼的团队发展阶段模型

第一个阶段:组建期。

组建期是团队启动阶段,也称为团队形成阶段。在组建期,团队有以下几个特征:

①团队测试。团队组建期一般会进行团队测试,测试的目的是辨识团队的人际边界以及任务边界。通过测试,还可以建立起团队成员的相互关系、团队成员与团队管理者之间的关系,以及团队的各项制度、标准等。

②团队成员不稳定。在这一时期团队成员普遍缺乏团队目的、活动的相关信息。部分团队成员还有可能表现出不稳定、忧虑的特征。

③缺乏信任关系。在团队组建期间,成员之间会缺乏信任关系。

组建期团队成员最缺乏的是信任,因此管理者重点关注的是团队成员之间的关系,要采取一定的措施建立互信的工作关系,与团队成员分享团队发展阶段的概念、达成共识。

第二个阶段:激荡期。

激荡期是团队形成各种观念,激烈竞争、碰撞的时期。在激荡期,团队有以下几个特征:

①团队获取了发展的信心,但是存在人际冲突、分化的问题。

②团队成员更想展示自己的个人性格和能力,不愿意接受团队其他成员的观点和见解。

③团队成员会表露出对于团队目标、期望、角色以及责任的不满。

激荡期团队的主要问题是团队成员之间存在差异,容易引发人际冲突、分化等问题。因此在这一阶段,管理者要重点强调团队成员之间的差异性,要包容团队成员的差异并引导团队成员彼此包容

第三个阶段:规范期。

规范期,团队的制度、规范、价值、行为、方法等均已建立,属于团队规范阶段。在这一时期,团队有以下几个特征:

①团队效能提高,团队开始形成自己的身份识别。

②团队成员懂得调整自己的行为,以使得团队发展更加自然、流畅。

③团队成员会有意识地解决问题,实现组织和谐。

④团队的动力增加。

在规范阶段,管理者要做的是参与式领导,激发员工的自主性。

第四个阶段:执行期。

在执行期,人际结构成为执行任务活动的工具,团队角色更为灵活和功能化,团队能力集于一体,属于团队发展成熟阶段。在执行期,团队主要有以下几个特征:

①团队是一个整体,团队关系十分和谐,能够顺利、高效地完成工作任务,没有任何冲突,不需要外部监督。

②团队成员对于自己岗位的工作职责有清晰完整的认识,也了解团队其他成员的岗位职责,并会积极地与其他成员协作完成任务。

③员工能够积极、主动地解决问题,做出正确的决策。

在执行期,管理者要做的就是适当授权,让团队成员自己做决策,激励他们发挥自身的潜能。

第五个阶段:休整期。

休整期是任务完成、团队问题解决的时期。在休整期,团队有以下几个特征:

①团队成员会产生失落感。

②团队员工的动力下降。

③关于未来的不确定性开始上升。

布鲁斯·塔克曼认为团队的发展必须包含以上五个阶段。管理者可以对照以上五个阶段查看团队目前处于哪一阶段,然后可以对症下药解决问题,向更高的阶段

迈进。

工具二:GRPI 模型

GRPI 模型是一个卓越团队的修炼模型,该模型包含的主要内容是 G(Goal)目标、R(Role)角色、P(Process)工作流程、人际关系(Interpersonal),如图 8-5 所示。

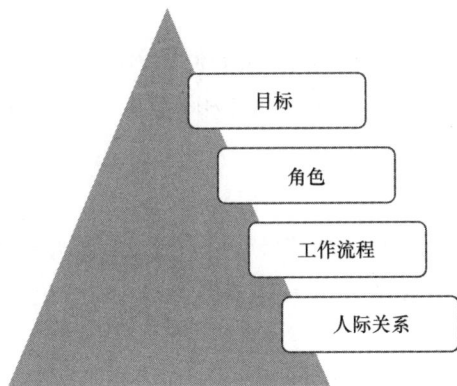

图 8-5　GRPI 模型

(1)目标

这里的目标是指上下一致的团队绩效目标。高绩效团队的目标一定遵循 SMART 原则,是具体的、可衡量的、能够实现的、相关的、有时限的。如此团队才能对今后的工作方向有更加清晰的认识。而且绩效目标明确后,就可以被用来跟踪团队阶段目标是否得以实现。

(2)角色

角色是用来定位团队成员在工作中的岗位职责和工作任务。管理者可以参照下面的问题,帮助团队成员建立角色。

哪一个团队成员符合什么样的特别角色?

哪一个团队成员可以完成既定的任务?

一个高绩效团队的重要因素是团队本身的结构,也就是团队成员的角色。团队结构应该同时体现在人际关系、角色和职责三个方面。这样的团队结构才是清晰的,才能将团队成员紧密联系在一起并且富有创造性地开展工作。

(3)工作流程

GRPI 模型的工作流程部分体现了一个团队项目的重要工作任务,具体的工作流程如图 8-6 所示。

工作流程是建立在团队成员之间互相影响,并以完成项目的关键部分作为已有

图 8-6　GRPI 模型的工作流程

信息依据来实现的。这就体现在团队成员如何做出决策、如何解决矛盾、如何分享信息。当然,真正高绩效的团队不一定总是能相互认可,但是他们却可以积极地求同存异,以寻求最佳的解决办法。

（4）人际关系

人际关系是 GRPI 模型的最后一部分,但同时也可能是最重要的一部分。因为团队的人际关系不和谐会对以上三个环节造成较大影响,进而会影响团队的士气和发展。

团队人际关系的构成包括:相互之间的关系以及个人的行为处事方式。管理者在构建团队人际关系时要注意以下几点:

①在人际交往和交流中保持坦率和相互信任。

②在与其他团队成员共事中注意相互适应。

③在与其他团队成员共事中注意灵活对待。

④在与其他团队成员共事中富有创造性。

从结构上看,GRPI 模型是一个完善的链条,可以帮助团队有效处理各个环节的问题,具有较强的理论意义和实践价值。

工具三：SCQA 分析法

SCQA 分析法是世界领先的全球管理咨询公司的咨询顾问芭芭拉·明托（Barbara Minto）在其作品《金字塔原理》中提出来的,是一种结构化的表达工具。管理者可以运用这个工具分析影响团队发展的问题、原因,并找到改进问题的行动方案。

SCQA 分析法的具体内容如图 8-7 所示。

S（Situation）情景——阐述团队当前的发展现状。

C（Complication）冲突——描述团队发展中存在的问题。

Q（Question）疑问——如何才能解决团队发展中遇到的问题。

A（Answer）——团队确定的最终解决方案是什么。

例如,某销售团队的发展现状是团队业绩直线下滑。那么这就是团队发展的情景描述（S）。由此可以切入销售团队发展中存在的问题,如工作流程混乱,这就是冲

图 8-7　SCQA 分析法

突(C)。明确冲突后,管理者要进一步提问"如何才能解决工作流程混乱"这一问题,这就是疑问(Q)。最后,组织团队成员一起讨论,确定最终的解决方案,这就是回答(A)。

SCQA 分析法的整个结构逻辑清晰,能够很流畅地带出冲突和疑问,最终提供可行的解决方案。因此,管理者可以借鉴 SCQA 方法去认识和处理问题与矛盾,进而实现打造高绩效团队的长远目标。

读 者 意 见 反 馈 表

亲爱的读者：

感谢您对中国铁道出版社有限公司的支持，您的建议是我们不断改进工作的信息来源，您的需求是我们不断开拓创新的基础。为了更好地服务读者，出版更多的精品图书，希望您能在百忙之中抽出时间填写这份意见反馈表发给我们。随书纸制表格请在填好后剪下寄到：北京市西城区右安门西街8号中国铁道出版社有限公司大众出版中心 王宏 收（邮编：100054）。此外，读者也可以直接通过电子邮件把意见反馈给我们，E-mail地址是：17037112@qq.com。我们将选出意见中肯的热心读者，赠送本社的其他图书作为奖励。同时，我们将充分考虑您的意见和建议，并尽可能地给您满意的答复。谢谢！

- -

所购书名：_____

个人资料：

姓名：_____ 性别：_____ 年龄：_____ 文化程度：_____

职业：_____ 电话：_____ E-mail：_____

通信地址：_____ 邮编：_____

- -

您是如何得知本书的：

□书店宣传 □网络宣传 □展会促销 □出版社图书目录 □老师指定 □杂志、报纸等的介绍 □别人推荐
□其他（请指明）_____

您从何处得到本书的：

□书店 □邮购 □商场、超市等卖场 □图书销售的网站 □培训学校 □其他

影响您购买本书的因素（可多选）：

□内容实用 □价格合理 □装帧设计精美 □带多媒体教学光盘 □优惠促销 □书评广告 □出版社知名度
□作者名气 □工作、生活和学习的需要 □其他

您对本书封面设计的满意程度：

□很满意 □比较满意 □一般 □不满意 □改进建议

您对本书的总体满意程度：

从文字的角度 □很满意 □比较满意 □一般 □不满意
从技术的角度 □很满意 □比较满意 □一般 □不满意

您希望书中图的比例是多少：

□少量的图片辅以大量的文字 □图文比例相当 □大量的图片辅以少量的文字

您希望本书的定价是多少：

本书最令您满意的是：

1.
2.

您在使用本书时遇到哪些困难：

1.
2.

您希望本书在哪些方面进行改进：

1.
2.

您需要购买哪些方面的图书？对我社现有图书有什么好的建议？

您更喜欢阅读哪些类型和层次的书籍（可多选）？

□入门类 □精通类 □综合类 □问答类 □图解类 □查询手册类

您在学习的过程中有什么困难？

您的其他要求：